D0884992

Álvaro García Santa-Cecilia

Cómo se diseña un curso
de lengua extranjera

ARCO/LIBROS,S.L.

Cuadernos de DIDÁCTICA del español/LE
Dirección: Francisco Moreno

1ª edición, 2000
2ª edición, 2008

© by Arco Libros, S.L., 2008
Juan Bautista de Toledo, 28. 28002 Madrid
ISBN: 978-84-7635-430-8
Depósito legal: M-41.921-2008
Printed in Spain - Impreso por Lavel, S. A. (Madrid)

Para Belén, Carlos y Julia

ÍNDICE

INTRODUCCIÓN

Este libro va dirigido a los profesores en activo, a los profesores en formación y, en general, a aquellas personas que busquen orientaciones sobre los problemas que suscita el diseño de cursos en el campo de la enseñanza de lenguas. Poco podrá aportar a los investigadores y especialistas, dado que estas páginas se limitan a presentar una visión de conjunto de ideas y propuestas que han venido siendo objeto de debate en las últimas décadas.

Aunque el tono del libro es divulgativo, doy en cada capítulo, al hilo de los asuntos que se van planteando, las indicaciones bibliográficas pertinentes, de manera que el lector pueda profundizar en aquello que más le interese. Dado que se trata de una guía breve, he seleccionado en cada capítulo los aspectos que consideraba centrales, con idea de presentar al menos en esquema las líneas de desarrollo que podrán ampliarse con otras fuentes.

Creo que el diseño de cursos como tal es algo que resulta hasta cierto punto ajeno a la práctica habitual de los profesores, o al menos esta es una primera conclusión de mi propia experiencia docente. Quizá porque se asocia a planes y proyectos previos que resultan luego poco útiles en el día a día de las clases. O quizá porque se considera poco práctico, dado que un manual o libro de texto presenta ya resueltos los problemas de suministro y organización del material que necesitamos de forma perentoria al ponernos delante de los alumnos. Creo, sin embargo, que la función de los profesores está hoy más que nunca relacionada con las necesidades, intereses y preocupaciones de los alumnos. Dado que no hay un método o manual que pueda responder a las características de todos los posibles cursos, por la gran diversidad de las situaciones de enseñanza, se hace necesaria una intervención mediadora del profesor que abra el camino a planes y modos de hacer compartidos y que supongan al tiempo un estímulo y un reto para los alumnos y para el propio profesor.

Esto requiere, desde luego, una cierta dosis de confianza en uno mismo y el convencimiento de que se aprende sobre todo a partir de la reflexión sobre la propia práctica. En esta línea, las orientaciones de este libro pretenden ser sólo un punto de partida para una exploración personal del lector sobre las posibilidades que le ofrece el diseño y desarrollo de cursos.

Agradezco a Francisco Moreno y a Arco/Libros el que hayan confiado en mí para hacer este trabajo. Es un placer colaborar en una colección que se interesa por ofrecer orientaciones a los profesores. Gracias también a Cambridge University Press por autorizar la reproducción de los materiales que incluyo como anejos. Especialmente doy las gracias a Elena Verdía, que leyó los manuscritos cuando todavía eran un fárrago de ideas y me dio, como siempre, buenos consejos.

1

DISEÑO Y DESARROLLO DE CURSOS: CONCEPTOS CLAVE

En diferentes capítulos y desde distintas perspectivas utilizaré a lo largo de este libro ideas y conceptos que tienen especial significación en el ámbito del diseño y desarrollo de cursos de lenguas. Con objeto de delimitar el alcance que doy a los conceptos que considero claves, presento en los próximos apartados una breve aproximación a cada uno de ellos.

Se trata en todo caso de aclarar el valor «funcional» de los distintos conceptos, y siempre desde la perspectiva de este libro, sin pretensión de generalizar. El alcance preciso de cada concepto se irá poniendo de manifiesto a lo largo del libro en relación con el contexto de uso y las implicaciones que tenga en cada uno de los procesos de desarrollo que se describen.

DISEÑO Y DESARROLLO DEL CURSO

En el próximo capítulo se presentan una serie de procesos que contribuyen en conjunto al desarrollo del curso: el análisis de necesidades, la definición de objetivos, la selección y gradación de los contenidos, la selección y gradación de las actividades y los materiales de aprendizaje, y la determinación de los procedimientos de evaluación. Podríamos decir que el desarrollo del curso se produce en la medida en que se van adoptando y aplicando las decisiones correspondientes a cada uno de estos procesos.

Desde la perspectiva de este libro, por diseño del curso entiendo el conjunto de decisiones correspondientes a los distintos procesos de desarrollo. Este enfoque confiere al concepto de diseño un matiz de dinamismo y continuidad. El diseño del curso no se concibe como un plan previo en el que se recogen las decisiones que han de aplicarse en cada uno de los procesos. En la medida en que se parte de una concepción que reconoce la importancia de la negociación y la consulta en clase entre el profesor y los alumnos, el curso queda abierto a la concreción que se va produciendo a lo largo del proceso de enseñanza y aprendizaje. Esto no quiere decir que no haya bases o principios sobre los que se asienta el curso. Estos principios son precisamente los que iremos viendo al presentar cada uno de los procesos de desarrollo.

Podríamos decir, por tanto, que el concepto de diseño tiene un valor más retrospectivo que prospectivo, en la medida en que recoge el conjunto de decisiones adoptadas en función de las características y especificidades de un curso concreto.

ENSEÑANZA CENTRADA EN EL ALUMNO

Expresiones como *currículo centrado en el alumno o enseñanza centrada en el alumno* aparecen con frecuencia en la bibliografía reciente del campo de la enseñanza de lenguas. Este concepto refleja el cambio de orientación producido como consecuencia del reconocimiento de la importancia de la contribución del alumno al proceso de enseñanza y aprendizaje. Dentro del paradigma humanista de la educación, la enseñanza centrada en el alumno pone énfasis en la consideración de las necesidades, deseos y expectativas de los alumnos con respecto al qué y al cómo de la enseñanza y del aprendizaje. Desde el punto de vista de la enseñanza, la participación de los alumnos es decisiva, como iremos viendo a lo largo del libro, a la hora de orientar los procesos de desarrollo del currículo en general o de un curso en particular. Desde el punto de vista del aprendizaje, este enfoque busca potenciar la autonomía del alumno y su responsabilidad en el proceso de aprendizaje. En este mismo sentido, es importante que el profesor considere la influencia que ejercen en el aprendizaje las variables individuales de los alumnos, de carácter afectivo y cognitivo, y sus diferentes estilos de aprendizaje.

Estrechamente vinculada a este concepto está la idea de la *negociación* entre el profesor y los alumnos de las distintas decisiones que comporta el desarrollo del curso. Negociar, en este sentido, implica intercambiar puntos de vista y valoraciones, exponerse a la crítica de otros y ser capaz de incorporar lo necesario para orientar adecuadamente un curso o un programa. Desde una perspectiva más amplia, puede hablarse de negociación entre los distintos estadios de desarrollo del currículo. Esto subraya la idea consustancial de los currículos «abiertos»: la participación de distintos protagonistas en diferentes niveles de decisión, la posibilidad de modificar lo que no funciona en uno u otro estadio, el énfasis en los procesos de consulta y el cruce de perspectivas.

Currículo, curso y programa

Currículo, curso y programa son términos que pueden encontrarse en la bibliografía especializada con distintas acepciones, lo que complica muchas veces su correcta interpretación.

Stern (1983) da al término *currículo* las siguientes interpretaciones:

a) Plan de estudios de una institución o sistema educativo (ej. el currículo escolar, el currículo universitario).
b) El contenido de una asignatura (el currículo de matemáticas, de historia).
c) Conjunto de factores que intervienen en el proceso de enseñanza y aprendizaje: materiales, equipos, exámenes, formación de profesores, etc.: todas las medidas de carácter pedagógico relacionadas con el centro educativo o con el plan de estudios.

Desde la perspectiva de este libro, el término *currículo* se emplea generalmente en la acepción más amplia, la recogida en (c), aunque también aparece la acepción de (a). Podrá deducirse claramente del contexto cuándo empleo una u otra. Para identificar el concepto de *curso* podemos tomar como referencia la definición de Hutchinson y Waters (1987, pág. 65; en Graves 1996): «una serie integrada de experiencias de enseñanza y aprendizaje, cuyo objetivo último es llevar a los alumnos a un particular estado de conocimiento». Por otra parte, siguiendo a White (1988; en Graves, *op. cit.*), podemos considerar el *programa* como la especificación y ordenación del contenido de uno o varios cursos. Teniendo en cuenta el alcance de estos términos podríamos concluir que el programa forma parte del curso y el curso forma parte del currículo.

Podría decirse, por tanto, que el *programa* se corresponde con uno de los procesos de desarrollo del curso que he identificado antes, concretamente la selección y gradación de los contenidos de enseñanza. No obstante, desde una visión más amplia, se podría considerar que el programa abarca también la selección y gradación de las actividades, materiales y experiencias de aprendizaje, esto es, lo que corresponde a la metodología. En el próximo apartado trataré este enfoque con mayor detalle. En todo caso, los contenidos y la metodología constituyen el objeto de determinados procesos que, junto con otros, van conformando el desarrollo del *curso*.

En algunas ocasiones me refiero a *programa de cursos* para identificar el conjunto de cursos que constituyen la oferta de un centro educativo. Es claro que en este caso doy un valor específico a esta expresión.

Contenidos y metodología

Como acabo de indicar, el enfoque tradicional del diseño de cursos diferencia el ámbito de la selección y organización de los contenidos, por una parte, y el de la selección y organización de las actividades, experiencias de aprendizaje y materiales, por otra. En la bibliografía sobre didáctica del inglés se denomina *syllabus* al primer ámbito, y este término puede encontrarse también en la bibliografía especializada de otras lenguas. Por su parte, la selección y organización de los materiales, experiencias y actividades del curso tiene que ver con la *metodología*.

El uso de estos términos en español es problemático. Por una parte, si hemos de considerar un equivalente a *syllabus* en español el término tradicional sería probablemente *programa*, en alternancia con *programación*, si bien este último debería reservarse, desde mi punto de vista, para identificar el proceso que implica la acción de programar, mientras que el programa, propiamente dicho, sería el resultado del proceso. Por lo que respecta al término *metodología* –que significa, en rigor, «ciencia del método»– se considera un término inapropiado para expresar la idea de seleccionar y organizar actividades y sería más adecuado hablar de *método*. No obstante, el uso especializado del término método en el campo de la enseñanza de lenguas ha llevado probablemente a utilizar el término *metodología* con el alcance más limitado que se le da en la perspectiva del diseño de cursos. Con este alcance lo utilizo en el libro.

A estos problemas de carácter terminológico se añade el problema conceptual, más importante desde la perspectiva de este libro, de la delimitación del campo de los contenidos –el *syllabus*– con respecto al de la metodología. Esta delimitación se ha ido haciendo menos clara a medida que se desarrollaban las ideas sobre el alcance de una visión de la enseñanza de la lengua que trasciende la dimensión estrictamente lingüística e incorpora otros aspectos relativos al proceso de aprendizaje y a la participación de los alumnos en el desarrollo del curso. En el capítulo 4 consideraré distintos aspectos que deben tenerse en consideración para entender la «lógica interna» de las relaciones entre los contenidos y la metodología desde la perspectiva actual del diseño de cursos. Cabe adelantar a este respecto la idea de que puede resultar práctico extender el uso del término *programa* más allá del ámbito de los contenidos, de manera que abarque las relaciones entre los contenidos y la metodología desde una perspectiva ampliada de las relaciones entre lengua y aprendizaje.

ENFOQUE SINTÉTICO VS. ANALÍTICO

Wilkins (1976) plantea una distinción entre programas *sintéticos* y programas *analíticos* que ha tenido gran impacto en las investigaciones y debates sobre el diseño de cursos y el alcance de los distintos programas de lenguas. La distinción de Wilkins es citada con frecuencia en la bibliografía especializada y constituye de hecho un concepto de referencia básica para los investigadores y especialistas. Aunque Wilkins plantea su distinción no tanto como una dicotomía sino más bien como dos puntos en un mismo *continuum*, presenta una serie de diferencias básicas entre ambos conceptos.

Los programas *sintéticos* son aquellos que dividen la lengua en elementos lingüísticos separados, que serán enseñados uno a uno y paso a paso. El aprendizaje de la lengua consiste en este caso en un proceso gradual de acumulación por el alumno de distintas partes, hasta que llega a construir la estructura de la lengua en conjunto. El altimno deberá sintetizar la lengua que ha sido dividida en una serie de pequeños trozos. Se trata, por tanto, de aprender la lengua en partes independientes unas de otras, e integrar o sintetizar estas partes cuando ha de utilizarse la lengua con una finalidad comunicativa.

Por su parte, los programas *analíticos* ofrecen al alumno ejemplos. de lengua que no han sido previamente manipulados o controlados, sino que se han organizado en función de los propósitos por los que el alumno aprende la lengua y el tipo de actuación lingüística necesaria para alcanzar estos propósitos. Así, estos programas presentan la lengua sin interferencia ni control y se basan en la capacidad del alumno para percibir regularidades en la lengua y, a partir de ello, deducir reglas.

UNIDADES DE ANÁLISIS (DE LOS PROGRAMAS)

En opinión de Long y Crookes (1992), la organización del programa se basa siempre en una determinada unidad de análisis, ya sea las estructuras gramaticales, las funciones comunicativas, los temas, las situaciones, las tareas, etc. La articulación de estas *unidades de análisis o de organización* de los programas configuraría un determinado tipo de programa. En el capítulo 5 veremos con más detalle los tipos de programas que constituyen los modelos más ampliamente reconocidos.

De las unidades de análisis que he mencionado, las estructuras gramaticales, que conformarían el programa gramatical, son claramente de carácter lingüístico. Otras, como los temas y las situaciones, aparentemente no lo serían, pero como hacen notar Long y Crookes (*op. cit.*), un análisis más detallado nos permite ver que, con frecuencia, los temas y las situaciones son una forma encubierta de presentar una organización del programa basada en estructuras gramaticales y elementos léxicos, por lo que en definitiva los temas y las situaciones son también unidades de análisis de carácter lingüístico. Hay debate en el caso de las funciones, al menos en la versión difundida por el programa nociofuncional. Mientras Wilkins (1976) considera que se trata de unidades no lingüísticas, Long y Crookes (*op. cit.*) señalan que son, en realidad, unidades de análisis de carácter lingüístico, por cuanto presentan y organizan, bajo «perchas» de enunciados funcionales, estructuras gramaticales aisladas. Desde este punto de vista, estructuras, funciones, temas y situaciones configurarían programas que responden al *enfoque sintético* de Wilkins.

Las tareas, por su parte, serían unidades de análisis de naturaleza no lingüística. Los programas basados en tareas derivarían de un análisis de lo que conocemos acerca del aprendizaje de la lengua en general y de las lenguas extranjeras en particular, frente a los programas sintéticos, centrados en el análisis de la lengua o del uso de la lengua. Los programas basados en tareas parten del rechazo de los elementos lingüísticos como unidades de análisis y optan por la tarea como eje para el enfoque de un tipo de programa en el que los procesos psicológicos implicados en el aprendizaje tienen prioridad sobre el análisis lingüístico centrado en el producto o resultado que el alumno debe llegar a dominar (Long y Crookes, *op. cit.*). Desde esta perspectiva los programas basados en tareas responden a un *enfoque analítico*.

PRODUCTO VS. PROCESO

La distinción entre *producto y proceso* aparece frecuentemente en las páginas de este libro en relación con distintos aspectos de uno u otro proceso de desarrollo del curso. En líneas generales, a la idea de producto se asocia la de resultado, mientras que a la de proceso se asocia la idea de la trayectoria o camino que nos lleva a un resultado.

En el campo específico de los modelos de programas, Nunan (1988b) establece una diferenciación entre *programas orientados hacia el producto,* que se centran en el conocimiento y las destrezas que los alumnos deben alcanzar como resultado de la enseñanza, y *programas orientados hacia el proceso,* que se centran en las experiencias de aprendizaje. White (1988), en esta misma línea, distingue entre programas centrados en la lengua, es decir, en el *qué* del aprendizaje, en lo que lo importante es la lengua como materia de enseñanza; y los programas que se centran en *cómo* es aprendida la lengua, en los que el énfasis está en el proceso de aprendizaje, más que en la lengua propiamente dicha.

PARADIGMAS EN EL DISEÑO DE PROGRAMAS

A partir de la idea de paradigma como conjunto de ideas y principios que comparte la comunidad científica en un momento histórico determinado, Breen (1987) propone dos *paradigmas* o modelos de referencia en el diseño de programas, y, dentro de cada modelo, dos diferentes prototipos. El primer modelo de referencia es el constituido por los *planes sistemáticos (propositional plans)*, que comprenden, a su vez, los prototipos de los programas gramaticales y los programas funcionales. El segundo modelo está constituido por los *planes de procesos (process plans)*, que comprenden los programas basados en tareas y los programas de procesos.

En el primer modelo, el conocimiento y las capacidades establecidos como objetivos son organizados y presentados de forma sistemática, a partir de fórmulas, estructuras, relaciones, reglas o esquemas. Los planes de procesos, por su parte, se basan en que el conocimiento de la lengua, desde la perspectiva de su uso social, implica un complejo de competencias que interactúan durante la comunicación cotidiana. Un rasgo esencial de este complejo de competencias es que no sólo refleja el conocimiento de una persona sobre las reglas y convenciones que rigen la comunicación sino que capacita a esa persona para ser creativa con esas reglas y convenciones e, incluso, para negociarlas durante la comunicación.

En el análisis de Breen, los *planes de procesos* constituyen un nuevo paradigma que no necesariamente ha de ser enfocado como una alternativa al paradigma anterior. La interpretación de los distintos prototipos en cada uno de los modelos de referencia puede servir para revelar el camino de una nueva síntesis, que permita resolver las aparentes contradicciones que puedan producirse entre ambos paradigmas.

2

PROCESOS DE DESARROLLO DEL CURSO

Los especialistas en diseño curricular han planteado distintos modelos y esquemas que, con diferencias y peculiaridades en cada caso, coinciden en la idea de que es posible identificar listintos procesos de desarrollo del curso constituidos a su vez Sor una serie de componentes (Graves 1996; Dubin y Olshtain 1986; Johnson 1989; Nunan 1988a, 1988b; Richards 1990; Yalden 1987). Estos procesos pueden ser concurrentes o sucesivos, si bien las decisiones que se adopten en cada uno de ellos cabrán de mantener una coherencia fundamentada en los principios y valores que inspiran el currículo que sirve de base al curso o en las creencias del profesor o del equipo docente sobre la enseñanza y el aprendizaje de lenguas en general. En la práctica, sin embargo, no siempre se llevan a cabo todos estos procesos, o bien se pone énfasis en unos más que en otros.

Identificar los procesos de desarrollo del curso puede ser útil en la medida en que facilita la visión global de los distintos pasos implicados y permite racionalizar un plan de actuación pedagógica. Los procesos de desarrollo del curso que se identifican generalmente son los siguientes: análisis de necesidades; definición de objetivos; selección y gradación de contenidos; selección y gradación de actividades y materiales; y determinación de los procedimientos de evaluación. Hay que tener m cuenta, no obstante, que cada uno de los procesos se aplica a un «objeto» particular, que es, en sí mismo, susceptible de análisis:

(PROCESO) **objeto**

(Análisis de) **necesidades**
(Definición de) **objetivos**
(Selección y gradación de) **contenidos**
(Selección y gradación de) **actividades y materiales** } (Organización del) **programa**
(Determinación de) **procedimientos de evaluación**

El alcance de la interpretación que se dé a cada uno de estos objetos es, desde luego, determinante a la hora de enfocar el diseño de un curso concreto y el desarrollo de los procesos implicados. Así, el alcance del concepto *necesidades* es diferente según la interpretación de distintos modelos; para algunos, las necesidades se identifican con determinados parámetros que pueden analizarse de forma objetiva, mientras que otros consideran importante incluir en el concepto de *necesidades* los intereses y expectativas manifestados por los propios alumnos. Por su parte, la consideración de los *objetivos* puede también variar según el alcance que se dé a este concepto: puede referirse a lo que el propio profesor debe hacer en clase, a lo que se espera que los alumnos sean capaces de hacer como resultado del curso, o bien, sencillamente, a los contenidos que se pretende que los alumnos aprendan en cada una de las lecciones o unidades del programa. Los *contenidos*, por su parte, pueden limitarse a una serie de reglas y de elementos gramaticales y léxicos, o bien pueden incluir aspectos relacionados con distintas competencias de los alumnos o con factores de carácter social o cultural. También las *actividades* pueden basarse sólo en pautas de refuerzo y repetición, o bien enfocarse desde la perspectiva de la interacción y el intercambio de significados a partir un vacío de información entre los alumnos. Del mismo modo, los *procedimientos de evaluación* pueden reflejar distintos enfoques e incorporar técnicas de muy diverso tipo.

En relación con cada uno de los procesos de desarrollo del curso cabe suscitar, desde la perspectiva del profesor, una serie de preguntas que permiten apreciar el alcance de las decisiones que deben adoptarse en cada caso:

Análisis de necesidades

- ¿Qué alcance voy a dar al concepto «necesidades»? ¿Voy a limitarme a los datos de los alumnos o necesito también considerar otros factores, como los medios disponibles, las características del centro o las circunstancias del entorno?
- ¿Voy a considerar sólo las necesidades lingüísticas de los alumnos o me interesa analizar otros aspectos relacionados con su forma de aprender?
- ¿Qué instrumentos voy a utilizar para obtener la información necesaria para el análisis?
- Una vez obtenida la información, ¿qué criterios voy a utilizar para analizar los datos?
- ¿De qué forma voy a incorporar en el programa los resultados que obtenga del análisis?

Definición de objetivos

- ¿El curso se inscribe en un currículo con fines generales claramente establecidos?
- En caso de que no haya un plan o proyecto curricular en el que se inscriba el curso, ¿sobre qué bases voy a establecer los parámetros del curso? ¿Cuáles son mis creencias y convicciones sobre la naturaleza de la lengua y su aprendizaje?
- ¿Cómo puedo reflejar en los objetivos las necesidades y expectativas de mis alumnos?
- ¿Qué resultados pretendo alcanzar con el curso?
- ¿En qué términos voy a definir esos resultados? ¿Qué perspectiva voy a adoptar para definirlos?
- ¿Qué necesitan aprender o hacer los alumnos para alcanzar los objetivos definidos?

Selección y gradación de contenidos

- ¿Qué contenidos voy a incluir en el curso? ¿Pienso más en conocimientos o en capacidades?
- ¿Qué planteamientos sobre la naturaleza de la lengua y su aprendizaje reflejan los contenidos que me planteo seleccionar?
- ¿En qué medida responden los contenidos a las necesidades detectadas de los alumnos?

- ¿Qué dimensiones, además de la propiamente lingüística, me interesa atender con el programa?
- ¿A partir de qué criterios voy a establecer la distribución temporal o gradación de los contenidos?

Selección y gradación de actividades y materiales

- ¿Qué tipo de actividades voy a utilizar en el curso? ¿Qué tipo de materiales? ¿Cuál es mi papel como profesor? ¿Y el de los alumnos?
- ¿Qué planteamientos sobre el aprendizaje reflejan las actividades y materiales que me planteo seleccionar?
- ¿Voy a diseñar las actividades o a adaptar las que tengo disponibles?
- ¿Voy a utilizar materiales auténticos, adaptados, o ambos tipos?
- ¿Hay un banco de materiales disponible?
- ¿Voy a seguir un libro de texto tal cual? ¿Voy a complementar el libro de texto con actividades diseñadas por mí o adaptadas del banco de materiales?
- ¿Qué criterios voy a tener en cuenta para establecer la gradación de dificultad de las actividades y los materiales?

Determinación de procedimientos de evaluación

- ¿Cómo voy a evaluar el aprendizaje de los alumnos? ¿Qué aspectos concretos me interesa evaluar?
- ¿Hay criterios o pautas generales de evaluación en el currículo o en el centro que deba tener en cuenta?
- ¿Qué peso voy a dar a los distintos aspectos en la evaluación de los alumnos? ¿Por qué?
- ¿Qué procedimientos concretos de evaluación voy a seguir? ¿Voy a considerar sólo los resultados de los alumnos o también los procesos?
- ¿Qué importancia voy a dar a la autoevaluación?
- ¿Voy a evaluar la eficacia del propio curso? ¿Cómo?

En los próximos capítulos iré abordando distintos aspectos en relación con los procesos de desarrollo del curso. Las preguntas que acaban de apuntarse nos permiten, de momento, hacernos una primera idea del alcance de los problemas que se suscitan en cada uno de ellos.

PROCESOS DE DESARROLLO DEL CURSO: UN ESQUEMA

Este libro parte de la idea de que el análisis de necesidades constituye el eje de las relaciones que se producen entre los distintos procesos de desarrollo del curso. En el cuadro 1 se presenta un esquema que sitúa el análisis de necesidades precisamente en el centro y que pretende representar la compleja red de relaciones que se establece entre los distintos procesos identificados. En el esquema las líneas continuas representan relaciones directas y fuertemente caracterizadas entre los elementos de que se trate. Así ocurre, por ejemplo, en el caso del análisis de necesidades con respecto a las necesidades, objetivas y subjetivas: el análisis de necesidades sirve para extraer datos que permiten determinar las necesidades objetivas y subjetivas de los alumnos, por lo que la vinculación aparece marcada con línea continua. Las líneas discontinuas representan relaciones no tan fuertemente caracterizadas como las continuas, si bien es importante consi-

Cuadro 1: Procesos de desarrollo del curso.

derar los vínculos que establecen entre determinados elementos. Así, entre el análisis de necesidades y los objetivos hay una relación directa de derivación, lo que se señala con línea continua, pero también debe tenerse en cuenta que en ambos elementos subyace una determinada concepción con respecto a la naturaleza de la lengua, por una parte, y su aprendizaje, por otra, lo que se señala con la línea discontinua.

En la mitad superior del esquema se aprecia la vinculación fuerte entre el análisis de necesidades, los objetivos y la evaluación. La línea continua entre los objetivos y la evaluación refleja, por una parte, el planteamiento tradicional de que la evaluación es un proceso dirigido a considerar en qué medida se han alcanzado los objetivos del programa; pero, al mismo tiempo, la evaluación se sitúa en un círculo amplio que la vincula, mediante líneas continuas a izquierda y derecha y de arriba a abajo, con el resto de los elementos del esquema: con la lengua y el aprendizaje, como referentes primarios; con las necesidades objetivas y subjetivas, como elementos secundarios o derivados de los anteriores; y con los contenidos y las actividades, como componentes del programa que derivan del análisis de las necesidades objetivas y subjetivas, respectivamente.

En el centro del esquema, las líneas discontinuas que vinculan el análisis de necesidades y los objetivos con la lengua y el aprendizaje denotan la importancia de tener en cuenta estas dos dimensiones, lengua y aprendizaje, a la hora de enfocar cualquier procedimiento de obtención y análisis de datos o de definir los objetivos del programa desde una perspectiva amplia, que no se limita al logro de metas lingüísticas sino que considera la importancia del aprendizaje y sus implicaciones.

La mitad inferior del esquema recoge las relaciones entre el análisis de necesidades y los componentes del programa: las necesidades objetivas y los contenidos, por una parte, y las subjetivas y la metodología, por otra. Contenidos y metodología aparecen vinculados por una línea continua. Aunque las necesidades objetivas y las subjetivas se vinculan con línea continua a los contenidos y a la metodología, respectivamente, cabe considerar, como refleja el esquema, una relación cruzada entre las necesidades subjetivas y los contenidos, por una parte, y las necesidades objetivas y las actividades, por otra, si bien de carácter indirecto o subsidiario con respecto a la relación más claramente definida.

Sobre la base de este esquema abordaré en los próximos capítulos el análisis de los aspectos más significativos de cada uno de los distintos procesos identificados, con la excepción de la evaluación, si bien incluyo una breve acotación al final del próximo capítulo sobre la relación del análisis de necesidades y la evaluación. Debido a la limitada extensión del libro he preferido concentrarme en aquellos procesos que se asocian generalmente con el diseño y desarrollo de cursos, especialmente los relacionados con los contenidos y la metodología desde la perspectiva del programa.

BASES GENERALES DEL DESARROLLO DEL CURSO

A la hora de considerar el *iter* del desarrollo de un curso concreto conviene tener en cuenta una serie de factores, de distinta naturaleza, que constituyen la base de las decisiones que han de adoptarse. Cabe considerar, a este respecto, dos tipos de factores: los relacionados con las circunstancias particulares del entorno en el que se desarrollará el currículo; y los relativos a los aspectos materiales de la situación de enseñanza. En algunos modelos el análisis de estos factores constituye, en sí mismo, uno más de los procesos de desarrollo del curso (Graves 1996), mientras que otros lo incluyen dentro de un enfoque amplio del análisis de necesidades, como veremos en el próximo capítulo. Aunque cualquiera de estas posturas es perfectamente defendible, prefiero estudiar estos factores como base de la toma de decisiones del curso, en la medida en que los factores materiales y del entorno condicionan de forma decisiva el enfoque general del curso y las condiciones físicas en las que haya de desarrollarse el programa.

FACTORES DEL ENTORNO

Un análisis sistemático de los factores sociales, educativos y culturales del entorno en el que se pretende llevar a cabo el curso nos proporcionará información sobre una serie de variables que tendrán particular importancia en el diseño y desarrollo del curso. Los especialistas han identificado a este respecto distintos factores, como el papel de la lengua en el entorno, las actitudes sociales e individuales con respecto a la lengua y factores de carácter político y social.

El papel de la lengua meta en el entorno lingüístico es un factor importante en la medida en que podemos encontrarnos situaciones muy diferentes. La lengua que se enseña puede, por ejemplo, encontrarse en las siguientes situaciones:

- es la lengua de comunicación en el país;
- es lengua de comunicación en el país, junto con otras lenguas oficiales;
- es una lengua no nativa que se enseña en las escuelas y se emplea de modo amplio para comunicación, habitualmente como medio de educación, gobierno o negocios.
- es una lengua extranjera que se enseña ampliamente en las escuelas, pero no tiene categoría de medio de comunicación rutinario en el país;
- es una lengua extranjera en el país, que apenas se enseña en las escuelas;

Otros aspectos, como la importancia de la lengua entre el conjunto de lenguas que se enseñan en los diferentes niveles del sistema educativo, o su peso en el mundo económico, afectarán también el enfoque del curso.

Por otra parte, las actitudes sociales e individuales con respecto a la lengua pueden influir notablemente el desarrollo del curso. Como observan Dubin y Olshtain (1986), una actitud positiva hacia la lengua por parte de los alumnos suele estar en relación con el aprecio por la cultura relacionada con esa lengua; y una actitud positiva hacia el proceso de aprendizaje es reflejo de una alta motivación, entusiasmo y buena predisposición por parte de los alumnos. Por el contrario, la combinación de actitudes de grupo negativas y de experiencias también negativas en el proceso de aprendizaje provocan problemas que tienen claro reflejo en un bajo nivel de adquisición lingüística.

Las circunstancias políticas y sociales pueden condicionar de forma decisiva el éxito de cualquier iniciativa de enseñanza de lenguas, como demuestra la evolución de muchos países que han desarrollado políticas lingüísticas dirigidas a favorecer el estudio y el uso de las lenguas autóctonas, en detrimento de las lenguas establecidas en el país como consecuencia del dominio de la época colonial. Richards (1985) señala, por ejemplo, el cambio de estatus que experimentó la enseñanza del inglés en Malasia a raíz de los cambios de la potítica lingüística del país en 1973: el inglés dejó de ser el vehículo de la enseñanza general en el país para limitarse a ser una asignatura más del currículo escolar. En los casos en que la lengua no es percibida como instrumento de dominación o como factor de riesgo frente a procesos de reafirmación nacional o cultural, la actitud de los gobiernos o de las administraciones dependerá del valor y la importancia social que se atribuya al conocimiento de otras lenguas distintas a la propia.

FACTORES RELACIONADOS CON LA SITUACIÓN DE ENSEÑANZA

Desde la perspectiva del diseño del curso tienen especial interés los factores relacionados con la situación de enseñanza de la que se parte:

Factores relacionados con los alumnos:

- El estilo de enseñanza y aprendizaje que favorece la tradición educativa del país, y que puede variar notablemente en aspectos como la consideración del papel del profesor o la valoración que se haga de la importancia del diálogo y de la interacción en clase. Mientras en algunas culturas se promueve la participación de los alumnos en la clase y el profesor considera el papel activo del alumno un factor esencial en el aprendizaje, en otras la enseñanza se basa en un enfoque en el que el profesor es un modelo de autoridad que ha de ser imitado por los alumnos (Dubin y Olshtain 1986).
- Las variables individuales de los alumnos, de carácter cognitivo y afectivo, así como sus expectativas y necesidades particulares. Las experiencias previas de aprendizaje de los alumnos son un factor determinante a la hora de entender las diferencias que puedan surgir en clase en relación con aspectos como el grado de tolerancia hacia el error, la preferencia de los textos escritos sobre la práctica oral, la búsqueda o no de oportunidades para usar la lengua, etc. (Dubin y Olshtain, op. cit.).

Factores relacionados con el planteamiento del curso:

- El grado de preparación de los profesores. Los profesores son el factor más importante a la hora de considerar las posibilidades de éxito de un nuevo curso, por lo que conviene tener en cuenta, en relación con cada uno de los componentes del equipo docente, las siguientes consideraciones: a) el grado de dominio de la lengua que enseña, especialmente si no es su lengua nativa; b) su formación previa, su nivel de cualificación académica, su experiencia docente y su familiaridad con los fundamentos relativos a la naturaleza de la lengua y su aprendizaje; c) su actitud con respecto al propio programa y su implicación en cualquier iniciativa de cambio o innovación (Richards 1985).

– Los materiales didácticos. La importancia de los materiales didácticos es crucial en el planteamiento de un curso y en el desarrollo del proceso de enseñanza y aprendizaje. Un banco de materiales convenientemente organizado puede ser un elemento fundamental del desarrollo del curso, especialmente en aquellas situaciones de enseñanza en las que no es fácil acceder a textos o libros en la lengua que se enseña. Disponer de textos y materiales auténticos organizados por temas o por niveles facilita la labor del profesor y permite hacer más atractivas las actividades de clase. Puede darse el caso de que un libro de texto sea la herramienta básica de la enseñanza, algo que tiene ventajas e inconvenientes, como veremos más adelante.

– La coordinación de los recursos disponibles. Como observa Richards (*op. cit.*), en cualquier centro docente existe un considerable cuerpo de conocimientos y experiencia, por lo que una administración eficaz debe encargarse de asegurar que sea utilizado de forma óptima y en cooperación y no de modo infructuoso o mediante esfuerzos individuales descoordinados. Por otra parte, la coordinación de los recursos materiales y humanos que constituyen el centro de enseñanza es un factor importante para un desarrollo adecuado de la actividad docente.

La consideración de los factores que acabo de presentar es decisiva a la hora de orientar las bases del desarrollo del curso. Los factores del entorno deberán ser, en todo caso, analizados para formarse una idea general de las circunstancias sociales y educativas del país y garantizar el adecuado enfoque del currículo y del proceso de enseñanza y aprendizaje. Los factores relacionados con la situación de enseñanza nos permitirán tomar decisiones prácticas que tendrán repercusión directa en el desarrollo del curso y en la selección del tipo de programa, como veremos en el capítulo 5.

3
ANÁLISIS DE NECESIDADES Y DEFINICIÓN DE OBJETIVOS

En este capítulo consideraré distintos aspectos relacionados con dos procesos de desarrollo del curso estrechamente relacionados entre sí: el análisis de necesidades y la definición de los objetivos. En las observaciones al esquema que he presentado en el capítulo anterior he adelantado ya que el planteamiento de este libro confiere al análisis de necesidades un papel que trasciende la mera función de suministrar los datos para el establecimiento de los objetivos. Desde una perspectiva que sitúa al alumno en el centro de las decisiones que han de adoptarse en el programa, el análisis de necesidades se convierte en una herramienta imprescindible a lo largo de la vida del curso, en la medida en que permite modificar, orientar e incluso ampliar los planteamientos iniciales. Sobre la base del análisis de necesidades podrá enfocarse más adecuadamente la definición de los objetivos del curso.

El análisis de necesidades no siempre constituye el punto de partida del curso. Como veremos en seguida, pueden adoptarse otros criterios o estrategias. No obstante, las ventajas del análisis de necesidades resultan evidentes si abordamos el desarrollo del curso desde la perspectiva de la enseñanza centrada en el alumno.

EL PUNTO DE PARTIDA

La labor de los profesores de lenguas no siempre se inscribe en un currículo, entendido como proyecto educativo general, o en unas coordenadas claramente especificadas, a pesar de la importancia del enfoque curricular como base para la planificación educativa. En muchas ocasiones las decisiones de los profesores han de adoptarse sobre bases muy escasas de planificación y sin contar con un análisis previo de los factores del entorno o de la situación de enseñanza.

Puede darse el caso, por ejemplo, de que el curso se diseñe a partir de un mero análisis del sistema de la lengua que se pretende enseñar, sin considerar otro tipo de factores. A partir de la selección de determinados aspectos de la lengua, como categorías, estructuras, elementos léxicos y pautas de pronunciación y entonación, puede establecerse una gradación de dificultad de los distintos elementos seleccionados en función de criterios como el de la mayor o menor complejidad gramatical o la frecuencia de uso estimada del vocabulario o las estructuras de la lengua. Como veremos más adelante, este enfoque de los programas gramaticales se ha ido ampliando en la medida en que se han incorporado al diseño de cursos las investigaciones de la teoría de la adquisición de lenguas y de los análisis sociolingüístico y psicolingüístico.

Por otra parte, la labor de seleccionar objetivos y contenidos para establecer los parámetros de referencia del curso puede ser obviada si el profesor opta por seguir un libro de texto, al margen de cualquier otra consideración relacionada con los alumnos o con el currículo en el que se inscriba el curso. El aval que pueda dar a ese libro de texto un colega más experto o una editorial que sea considerada solvente en el campo de la enseñanza de idiomas puede ser suficiente. Por otra parte, el profesor, en un primer análisis del libro, puede ver reflejadas sus propias creencias o convicciones de carácter pedagógico y decidirse a ponerlo en práctica. El libro de texto suele ofrecer materiales variados y un amplio número de actividades y ejercicios organizados, lo que permite al profesor «sentirse seguro» con respecto a lo que va a ocurrir en clase y a los alumnos disponer de una fuente de información que pueden consultar en cualquier momento. El riesgo de basar la actividad de clase exclusivamente en el uso de un libro texto es que deja al margen cualquier consideración de las necesidades, los intereses y las expectativas particulares de los alumnos, que pueden sentirse poco motivados por las actividades que se les proponen, al tiempo que convierte al profesor en un mero intermediario de decisiones que han adoptado otros.

La economía de tiempo que supone la presentación organizada de las actividades y los materiales de trabajo es, desde luego, una ventaja innegable del libro de texto, pero es dudoso que esta solución resulte plenamente satisfactoria a lo largo del curso si no se introducen adaptaciones y modificaciones en respuesta a las demandas que de forma más o menos explícita vayan manifestando en clase los alumnos. Estas adaptaciones pueden ser de muchos tipos: por ejemplo, cambiar los nombres de lugares o de personas, adaptar determinados aspectos de carácter cultural a las costumbres y usos del lugar en el que se desarrolla el curso (fiestas, comidas, deportes, etc.), alterar el orden o la secuencia de los contenidos, suprimir determinadas actividades o bien ofrecer variantes. Las adaptaciones pueden tener también el objetivo de responder a las creencias o actitudes del profesor con respecto al aprendizaje, como, por ejemplo, cuando se utilizan los diálogos del libro como dictado o como ejercicio de traducción. El libro de texto puede, por otra parte, enfocarse como una mera fuente de materiales de la que el profesor extrae lo necesario para organizar sus actividades en clase, en función de un plan pedagógico.

También puede tomarse como punto de partida para el diseño del curso un esquema previo, que sirva como estructura del curso. En este sentido, Yalden (1987) propone que los responsables del diseño de cursos y los profesores, en caso de que estos papeles estén separados, trabajen juntos en una fase previa al curso con la idea de establecer el armazón o esqueleto que servirá de base para que los profesores, una vez analizadas las necesidades concretas del grupo de alumnos al inicio del curso, configuren las unidades didácticas concretas del programa mediante la «transposición» de los contenidos a cada situación de enseñanza particular. El esqueleto o armazón puede ser articulado con elementos diversos, en la medida en que se parta de distintos prototipos de unidades didácticas. Así, puede partirse, por ejemplo, de los tres siguientes prototipos de unidades: las preliminares, centradas en nociones básicas y destrezas sociales (por ej. los números, la hora, los primeros contactos, identificación personal, etc); las de situaciones (en el aeropuerto, transporte local, hacer la compra, buscar alojamiento, en el banco, de visita en casa de alguien, etc); y las basadas en tareas (leer para obtener información, usar el teléfono, hacer preguntas y sugerencias, etc). Según este modelo, a partir del análisis de los datos de los alumnos y las circunstancias de la situación de enseñanza, los profesores pueden combinar elementos de cada uno de los tres prototipos previamente definidos y componer «cadenas» de unidades. Yalden cita como símil las cuentas de un collar: cada una de las cuentas puede configurarse mediante la combinación de elementos de distintos prototipos y el collar que forman todas las cuentas ensartadas constituye el curso. Por ejemplo: la presentación y práctica de los números, que pertenece al prototipo de unidades preliminares, puede combinarse con una situación en un hotel o en un restaurante, o bien con una serie de tareas relativas al uso del teléfono. La labor del profesor es, fundamentalmente, la de ensartar las cuentas del collar, transponer o adaptar los contenidos necesarios y seleccionar de un banco compartido con otros profesores las actividades más adecuadas para practicar cada una de las unidades configuradas.

De los distintos casos que acabamos de considerar como posibles puntos de partida para la configuración del curso se desprende la importancia de llevar a cabo algún tipo análisis de las características de los alumnos y de sus necesidades y expectativas. En el caso de los programas gramaticales, no tiene sentido hacer una selección de los elementos lingüísticos si no es en función de las situaciones comunicativas en las que previsiblemente se verán involucrados los alumnos. Por lo que respecta al libro de texto, es difícil que resulte satisfactorio para todo tipo de situaciones y grupos de alumnos, por lo que será necesario introducir las modificaciones y adaptaciones pertinentes. Los esquemas previos de Yalden son sólo prototipos que deben concretarse en función de los datos de los alumnos que se hayan identificado al principio del curso. El análisis de necesidades como punto de partida para la determinación de los parámetros del curso refleja en definitiva una visión más amplia de la planificación pedagógica, que está en la base de los planteamientos más recientes del diseño de cursos.

ALCANCE DEL ANÁLISIS DE NECESIDADES

El concepto de análisis de necesidades aplicado a la enseñanza de lenguas se remonta a los años 70 y se difunde bajo los auspicios del Consejo de Europa en relación con el diseño de cursos de idiomas para fines específicos, si bien este tipo de análisis se ha ido introduciendo paulatinamente en la planificación de los cursos generales. Aunque los profesores han aplicado generalmente en su enseñanza algún tipo de análisis intuitivo o informal de las necesidades de los alumnos, no ha habido un uso generalizado de este tipo de procedimientos en la planificación de los cursos generales de lengua, debido a razones prácticas que tienen que ver con las dificultades que conlleva elaborar los instrumentos necesarios para la obtención de los datos o desarrollar el tratamiento sistemático de la información obtenida.

Los primeros modelos de análisis de necesidades que se propusieron han sido criticados en años recientes por considerarse excesivamente mecanicistas, ya que parten de una serie de datos pretendidamente objetivos de los que se extraen conclusiones, pero sin considerar aspectos relativos a las preferencias de aprendizaje, intereses o expectativas de los alumnos con respecto al uso de la lengua. En respuesta a esta limitación, modelos más recientes consideran importante que el análisis de necesidades no se limite a obtener información *sobre* los alumnos sino también *de* los alumnos y que existan oportunidades a lo largo del desarrollo del curso para que puedan intercambiarse opiniones y puntos de vista sobre lo que se enseña y se aprende y sobre cómo se lleva a cabo la enseñanza y el aprendizaje. En esta línea, una visión más amplia del análisis de necesidades es la que propone West (1994) a partir de los siguientes tipos de análisis:

 – *análisis de las situaciones-meta,* en el sentido de lo que el alumno necesita saber para desenvolverse de forma efectiva en una determinada situación;
 – *análisis de las deficiencias del alumno* o *análisis de la situación presente,* que consideraría las lagunas que existen entre lo que necesita el alumno para desenvolverse en las situaciones-meta y el nivel de competencia que tiene al iniciar el programa;
 – *análisis de las estrategias* de los alumnos, dirigido a considerar en qué medida el alumno es consciente de los procesos que implica el estudio de la lengua, las estrategias de aprendizaje que aplica y sus expectativas con respecto a la nueva lengua;
 – *análisis de medios,* esto es, de los recursos disponibles (equipo, instalaciones, tiempo), las actitudes o la cultura de la sociedad y los materiales de enseñanza disponibles.

Esta visión del análisis de necesidades permite superar las primeras propuestas de análisis de necesidades que pretendían establecer unos parámetros de validez objetiva general, centrada en el propio modelo y sin la consideración de factores relacionados con el aprendizaje y con las condiciones del entorno, cuya importancia es hoy ampliamente reconocida. El análisis de las situaciones-meta y el análisis de las deficiencias del alumno son complementarios en la medida en que han de utilizarse conjuntamente con vistas a establecer y priorizar los objetivos de aprendizaje. El análisis de estrategias deriva del interés que comienza a advertirse en los 70 y en los 80 por los procesos en el aprendizaje de la lengua, las estrategias de aprendizaje y el concepto de autonomía del alumno. Por su parte, el análisis de medios tiene que ver con los aspectos que he considerado en el capítulo anterior al presentar las bases generales para el desarrollo del curso y abarcaría el conjunto de datos obtenidos al analizar los factores del entorno y los factores relacionados con la situación de enseñanza.

NECESIDADES OBJETIVAS Y SUBJETIVAS

En años recientes el debate de los especialistas se ha centrado en el concepto mismo de «necesidades» y el alcance de lo que se entiende como «análisis de necesidades». Como observa Brindley (1989), se han hecho dos distintas interpretaciones del análisis de necesidades. La primera de ellas, que se puede considerar «reducida» y «orientada hacia el producto», enfoca las necesidades sólo desde el punto de vista de la lengua que tendrán que usar los alumnos en una determinada situación de comunicación. El análisis de necesidades se centra en indagar todo lo posible, antes de que comience el aprendizaje, sobre el uso actual y futuro de la lengua por parte de los alumnos. La segunda interpretación, «amplia» y «orientada hacia el proceso», se centra sobre todo en las necesidades del alumno como individuo en la situación de aprendizaje. El análisis de necesidades, en este caso, es mucho más que la mera definición de la actuación lingüística en las situaciones-meta y considera la multiplicidad de variables afectivas y cognitivas que afectan al aprendizaje, como las actitudes de los alumnos, la motivación, la reflexión, la personalidad, los deseos, las expectativas y los estilos de aprendizaje. Richterich (1972) denomina *objetivas* a las necesidades de la primera interpretación, y *subjetivas* a las de la segunda.

Brindley (*op. cit.*) considera que las necesidades objetivas han de constituir necesariamente el punto de partida. Dado que los alumnos no pueden aprender toda la lengua en un curso determinado, se impone establecer algún tipo de selección. Si la enseñanza ha de centrarse en los alumnos y ser relevante para sus propósitos, es necesario recabar información sobre la actuación lingüística que se espera que sean capaces de desarrollar. Esta información permitirá establecer los objetivos del programa que se trasladarán a los objetivos de aprendizaje. Además, la institución docente necesita información sobre el nivel de los alumnos con respecto a la lengua, así como datos personales como su nivel educativo, su profesión, su estilo de vida y sus intereses, con el fin de adoptar decisiones sobre aspectos como la clasificación en grupos o la forma de aprendizaje. Esta fase inicial de necesidades objetivas es sólo un primer paso y permite establecer los parámetros generales del programa. Sin embargo, una vez que comienza el curso, es muy probable que estas necesidades referidas al uso de la lengua vayan cambiando y, por otra parte, surgirán necesidades *de aprendizaje* que no habían sido identificadas en el análisis previo al curso. De ello se desprende, como observa Brindley (*op. cit.*), que ambos tipos de análisis de necesidades son necesarios, el primero dirigido a obtener información factual para establecer los objetivos generales relacionados con los contenidos lingüísticos, y el segundo dirigido a obtener información sobre los alumnos que podrá utilizarse para orientar el proceso de aprendizaje una vez que el curso esté en marcha.

Si volvemos al esquema de West que he presentado en el apartado anterior y lo relacionamos con la distinción de Richterich entre necesidades *objetivas* y *subjetivas,* podemos concluir que el análisis de las situaciones-meta y el análisis de las deficiencias tienen que ver con las necesidades *objetivas*, mientras que el análisis de estrategias se relaciona con las necesidades *subjetivas*. A la hora de recabar datos para el análisis de las necesidades objetivas pueden considerarse aspectos como las condiciones sociales, culturales y educativas de los alumnos (país de procedencia, nivel de estudios, profesión, edad, idiomas, etc.), su nivel de competencia en la nueva lengua (habilidades comunicativas, capacidad de desenvolverse en las distintas destrezas) o las necesidades de uso de la lengua y los objetivos de comunicación que se plantea en cualquier ámbito (personal, profesional, académico). En cuanto a las necesidades subjetivas, interesan aspectos como la actitud hacia la nueva lengua y cultura, variables individuales de carácter cognitivo o afectivo, actitud hacia el aprendizaje de lenguas en general, preferencias a la hora de aprender, motivación, etc.

Es importante tener en cuenta que, en un enfoque de la enseñanza centrado en el alumno, el análisis de necesidades y la definición de los objetivos de aprendizaje no es algo que ocurre sólo una vez al principio del curso. Difícilmente podrán los alumnos hacer elecciones adecuadas sin haber experimentado antes las opciones que se les ofrecen. Si se les pregunta a los alumnos por sus métodos preferidos de aprendizaje, materiales o contenidos lingüísticos al principio de un curso, antes de haber practicado con ellos, probablemente darán respuestas vagas e imprecisas, que resultarán de poca utilidad para el profesor. Brindley (op. cit.) sugiere a este respecto que el profesor utilice la información que ha obtenido antes del inicio del curso sobre las necesidades objetivas de los alumnos –nivel de conocimientos, papeles sociales, metas, modelos de interacción, etc.– para diseñar actividades de aprendizaje de carácter preliminar. Una vez que haya empezado el curso podrán incorporarse procedimientos como las entrevistas, el debate en grupo, los cuestionarios, etc., que permitirán evaluar las necesidades tal como vayan apareciendo y expresándose. De este modo, podrán modificarse los objetivos a la luz de la respuesta que el profesor vaya obteniendo de los alumnos.

PROCEDIMIENTOS DE ANÁLISIS

La aplicación práctica del análisis de necesidades requiere tiempo y dedicación y conlleva, además, dificultades y limitaciones a veces importantes. Graves (1996) llama la atención sobre el hecho de que el análisis de necesidades es un proceso en gran medida condicionado por factores como las prescripciones institucionales, la visión que el profesor tenga sobre la razón de ser del curso o las percepciones de los alumnos sobre lo que se les está preguntando. En un curso de lengua para inmigrantes, un profesor puede enfocar el análisis con el objetivo de recabar información sobre las situaciones de comunicación más frecuentes en las que tendrán que desenvolverse, mientras que otro profesor puede poner énfasis en identificar aspectos potencialmente conflictivos en el proceso de integración cultural. Por otra parte, los alumnos pueden tener dificultades a la hora de responder a las preguntas que se les planteen o bien resistirse a participar en un proceso que les resulta, en general, poco familiar. Muchos alumnos piensan que el profesor es quien debe adoptar las decisiones con respecto al curso, dado que esa es precisamente su función, y se muestran renuentes a colaborar. En todo caso, las opiniones que se recaben de los alumnos pueden estar en abierto conflicto con las creencias y planteamientos del profesor o de la institución docente, lo que puede ser también una fuente de dificultades. No es fácil, además, diseñar procedimientos que permitan garantizar que la información obtenida es la adecuada para el objetivo que se pretende, lo que obliga a considerar el análisis de necesidades como un proceso continuado en el que se van depurando los instrumentos utilizados en función de los resultados de la experiencia.

Los procedimientos que más frecuentemente se asocian con el análisis de necesidades son las entrevistas, los cuestionarios y el diálogo y la negociación con los alumnos. Del desarrollo que hacen West (1994), Nunan (1998a) y Yalden (1987) de estos procedimientos recojo a continuación algunos aspectos destacables. Las *entrevistas* pueden hacerse no sólo a los alumnos, sino también a otros profesores, padres, administradores o responsables de la financiación del curso. Es aconsejable que tengan una cierta estructura y pueden plantearse sobre la base de una lista de asuntos de interés especial para el entrevistador. El contacto personal permite la posibilidad de aclarar dudas o ampliar determinada información, lo cual convierte a este procedimiento en uno de los más eficaces. A esto pueden añadirse otras ventajas, como su economía, familiaridad, posibilidad de cooperación y el no requerir un alto nivel de especialización. Con respecto a los *cuestionarios* hay que tener en cuenta que pueden causar suspicacia en los alumnos, en la medida en que puedan sentir una cierta invasión de su intimidad, por lo que se requiere utilizar este procedimiento con tacto. Yalden (*op. cit.*) considera, por ejemplo, que no deben enviarse a los alumnos sin previo aviso y que, en todo caso, debe aclararse la razón por la que se pasa el cuestionario. Con todo, son el procedimiento más frecuente en el análisis de necesidades. Pueden centrarse sólo en las necesidades objetivas o en las subjetivas de los alumnos, o bien recabar información sobre ambos tipos. En cuanto al *diálogo* y la

negociación serán siempre más provechosos si los alumnos cono-
cen previamente el objetivo que se pretende. En ocasiones puede
resultar complicado plantear un diálogo abierto sobre aspectos
relacionados con el curso, por lo que Yalden (op. cit.) sugiere
que se proponga a los alumnos elegir, por ejemplo, de entre
una lista de necesidades y objetivos elaborada por todo el
grupo, o votar prioridades. La lista puede referirse a aspectos muy
diversos, como temas, actividades, destrezas, formas de aprendizaje o cualesquiera otros relacionados con el desarrollo del curso.

NECESIDADES Y OBJETIVOS

Los resultados del análisis de necesidades permitirán enfocar adecuadamente los objetivos del programa. En el caso del
análisis de las necesidades objetivas, la información que obtene-
mos, concreta y referida a datos de carácter factual, nos permitirá definir los objetivos generales relacionados con los contenidos lingüísticos del programa. El análisis de necesidades subjetivas,
por su parte, nos permitirá orientar el proceso de aprendizaje
de los alumnos e ir modificando en lo necesario los objetivos
inicialmente establecidos.

Definir objetivos no es tarea fácil. Como advierte Grondlund
(1981, pág. 29; en Nunan 1988a, págs. 59-60):

> Se dedica poca atención a determinar de forma precisa el
> tipo de conducta que se desea al final de un ciclo de enseñan-
> za. Como consecuencia, se produce alguna de las dos siguientes
> situaciones extremas. En un caso, los resultados que se preten-
> den se limitan al aprendizaje del material recogido en un libro
> de texto y los procedimientos de enseñanza y de evaluación tie-
> nen que ver fundamentalmente con retener el contenido del
> libro de texto. En el otro extremo, se establecen objetivos
> demasiado ambiciosos, tan generales e idealistas que son impo-
> sibles de alcanzar o de evaluar. La razón de que ambas situa-
> ciones sean muy frecuentes es probablemente que la tarea de
> definir claramente objetivos de enseñanza aparece como gigan-
> tesca y por lo tanto abrumadora, si bien no debe necesariamente
> serlo, a pesar de algunas dificultades que realmente existen.
> Además, es muy grande la recompensa de una enseñanza, un
> aprendizaje y una evaluación más efectiva.

Incluso aunque partamos de procedimientos de análisis de necesidades objetivas sistemáticos y bien definidos, la tarea resulta en muchas ocasiones poco fructífera. La reflexión de Grondlund nos lleva a valorar la importancia del análisis de necesidades subjetivas como modo de reflexión sobre el aprendizaje entendido como un proceso dinámico y no como algo pasivo y mecánico. En todo caso, como hace notar Richards (1985), los objetivos iniciales deberán ser realistas en función del lugar y las circunstancias en las que el curso vaya a desarrollarse, y relevantes en cuanto a las destrezas lingüísticas que se espera que los alumnos lleguen a adquirir. Al considerar las circunstancias del curso deberemos tener en cuenta aspectos como los medios disponibles, la preparación de los profesores, la duración y, en general, los factores que hemos considerado al estudiar las bases generales del diseño del curso. En cuanto a las destrezas de los alumnos, los objetivos habrán de recoger descripciones específicas de lo que se pretende alcanzar con el programa.

TIPOS DE OBJETIVOS

Hay que tener en cuenta que los objetivos pueden ser definidos o descritos de distintas maneras, según el punto de vista que adoptemos. El primer análisis sistemático a este respecto, frecuentemente citado por los especialistas, lo ofrece Tyler (1949), quien considera cuatro formas distintas de describir objetivos:

– Especificar las cosas que el profesor debe hacer.

– Especificar el contenido del curso, mediante listas de temas, conceptos, generalizaciones u otros elementos.

– Especificar patrones generalizados de comportamientos, como «desarrollar el pensamiento crítico» o «desarrollar actitudes sociales».

– Especificar los tipos de conducta que los alumnos serán capaces de realizar como resultado de la enseñanza.

El propio Tyler se inclina por la especificación de los tipos de actuaciones que los alumnos serán capaces de realizar como resultado de la enseñanza, pues considera que un objetivo queda definido con suficiente claridad si es capaz de ilustrar o describir la clase de comportamiento que se espera que adquiera el alumno, de modo que cuando tal comportamiento sea observado pueda ser reconocido (Tyler 1949; en Stenhouse, 1987). Este tipo de objetivos se denomina «de actuación» o «de conducta», por cuanto ponen énfasis en los resultados más que en el material de entrada que, como en el caso del libro de texto al que aludía Grondlund, constituye con frecuencia el enfoque de los objetivos. Se parte de la idea de que la especificación precisa de lo que el alumno debe ser capaz de hacer al final del curso es un paso esencial en el proceso de diseño del curso y facilita considerablemente los demás pasos. Obliga, además, al responsable del diseño del curso ser realista sobre lo que un grupo determinado de alumnos puede llegar a lograr y ayuda a orientar la selección de los materiales y las actividades de aprendizaje.

Los objetivos de actuación o de conducta deberán incluir una definición de la *actividad*, esto es, lo que se pide al alumno que haga; de las *condiciones* en las que la actividad se realizará; y del *nivel* que debe alcanzarse. Nunan (1988a, pág. 61) advierte que la *actividad* admite diversos enfoques, como, por ejemplo, los siguientes:

- enfoque gramatical: los alumnos formularán preguntas siguiendo un modelo;
- enfoque funcional: los alumnos expresarán acuerdo o desacuerdo;
- enfoque de aprendizaje: los alumnos controlarán y calificarán su propia actuación en actividades orales;
- enfoque cognitivo: los alumnos extraerán información relevante de un texto oral y pondrán los términos que correspondan en un diagrama;
- enfoque cultural: los alumnos compararán su actuación en una entrevista con la que se produciría en su propio país;
- enfoque temático: los alumnos obtendrán información relevante sobre transporte público.

Las actividades también se pueden clasificar según se refieran a una conducta de la vida real (el alumno reclama por la compra de un objeto defectuoso) o de la clase (escuchar un texto oral y tomar notas de las palabras clave). Otra distinción que también se puede hacer es entre actividades orientadas hacia al producto, que especifican lo que el alumno será capaz de hacer como resultado de la enseñanza, y actividades orientadas hacia el proceso, que especifican las actividades que se realizarán durante la enseñanza (Nunan, *op. cit.*).

Otras formas de descripción de objetivos, identificadas por Richards (1990), serían las siguientes:

- objetivos basados en la descripción de las *microdestrezas*, entendidas como la serie de procesos que constituye cada una de las cuatro (*macro*)*destrezas*: leer, escribir, escuchar y hablar. Al especificar las *microdestrezas* se describen las competencias que constituyen la habilidad funcional en una determinada destreza, si bien son independientes de situaciones o contextos específicos;

- objetivos basados en contenidos (p.ej., la descripción de objetivos que se propone en los documentos del «Threshold Level» del Consejo de Europa);

- objetivos basados en el nivel de competencia: escala de distintos grados en función del nivel del alumno en lo que respecta a sus conocimientos y a su capacidad de uso de la lengua;

- objetivos de proceso: describen las actividades de clase en las que participan los alumnos, sin necesidad de precisar, como hacen los objetivos de actuación o de conducta, los resultados del aprendizaje.

En cualquier caso, como observa Nunan (1988b), los objetivos no son otra cosa que un modo particular de formular y establecer contenidos y actividades. Si uno enfoca el curso desde el punto de vista de los conocimientos que alcanzarán los alumnos, los objetivos se formularán con enunciados del tipo «los alumnos aprenderán...» o «los alumnos llegarán a dominar...»; si el enfoque se dirige a las destrezas, los objetivos serían del tipo «los alumnos serán capaces de...» o «los alumnos desarrollarán la habilidad de...»; si se pone énfasis en las actitudes o en la reflexión, la formulación sería algo como «los alumnos serán conscientes de...» o «los alumnos desarrollarán una actitud de...» (Graves 1996).

Es objeto de debate entre los especialistas la idea de la utilidad misma de definir objetivos. Suele argumentarse a este respecto que muchos profesores no piensan, sencillamente, en los objetivos a la hora de preparar un curso y se guían más por aspectos como la secuencia de actividades que prevén desarrollar en clase. Podríamos decir que el interés se centra en este caso más en el proceso que en el resultado final. Sin embargo, distintos autores coinciden en destacar la utilidad que puede tener para el profesor una adecuada definición de objetivos. A este respecto, puede argumentarse que, entre otras cosas, la definición de objetivos nos fuerza a ser realistas sobre lo que es posible alcanzar, nos permite transmitir con mayor eficacia las intenciones pedagógicas del curso, facilita la evaluación de los alumnos y permite orientar adecuadamente otros aspectos de la planificación del curso, como la selección de los materiales y las actividades.

Independientemente de la polémica sobre la utilidad o no de definir objetivos, parece claro que se trata de algo que no resulta fácil a los profesores. Requiere una visión clara de lo que se quiere enseñar y del enfoque general del curso, lo que no resulta sencillo si no se dispone de información adecuada o de referencias generales por parte del currículo o del centro docente. El análisis de necesidades es, desde luego, una base importante para la definición de objetivos, pero, como hemos visto, requiere una inversión de tiempo y esfuerzo. Si se trata de un curso que se desarrolla en un centro docente que recibe habitualmente un mismo tipo de alumnos, como es el caso de los cursos de idiomas en los centros del sistema educativo, puede resultar más fácil definir objetivos adecuados, sobre todo teniendo en cuenta que, además de las orientaciones del propio currículo, la experiencia va proporcionando información suficiente para definir los grandes parámetros del curso. Si se trata de cursos para adultos que varían mucho en sus circunstancias particulares, la labor puede resultar más complicada y requerirá muy probablemente nuevas orientaciones y cambios a lo largo del desarrollo del curso.

ANÁLISIS DE NECESIDADES Y EVALUACIÓN

En el esquema del capítulo anterior hemos visto la línea de relación que vincula el análisis de necesidades, la defición de objetivos y la evaluación. Aunque la evaluación no va a ser objeto de estudio en este libro, doy a continuación un breve apunte de la importancia de este proceso en relación con el análisis de necesidades y los objetivos del curso.

El diferente alcance que dan los especialistas al concepto de evaluación pone de relieve las dificultades de constreñir en una única definición las características de un proceso que puede responder a muy distintos enfoques y objetivos. Si nos situamos en un plano muy general, podemos enfocar la evaluación, siguiendo a Richards, Platt y Weber (1985), como «la obtención sistemática de información con el objetivo de tomar decisiones». Una definición tan amplia podría servirnos, tal cual, para caracterizar otro proceso clave del desarrollo del curso: el análisis de necesidades. De hecho, como observa Brown (1989), la evaluación podría verse como un análisis de necesidades continuado, cuyo objetivo es ir depurando las ideas derivadas del análisis de necesidades inicial, de manera que el curso pueda ir mejorando constantemente al responder a tales necesidades. Este planteamiento concuerda plenamente con el enfoque de este libro, que sitúa, como hemos visto, el análisis de las necesidades de los alumnos en el centro de las decisiones que han de adoptarse en los demás procesos de desarrollo del curso.

Un aspecto crucial de la evaluación es determinar en qué medida el curso funciona y, en caso de que se adviertan problemas, qué procesos o componentes del curso necesitan ser modificados y en qué sentido. Si nos situamos en la posición de los alumnos en cuanto centro o eje del programa, la evaluación consistiría en relacionar las diversas fuentes de información para examinar aspectos concretos desde distintos puntos de vista, con el fin de poder disponer de una visión clara y útil del grado en el que el curso está respondiendo a las necesidades de aprendizaje de los alumnos. No se trata sólo de determinar si los alumnos han logrado alcanzar los objetivos establecidos en el programa, sino que interesa también ver en qué medida el programa ha respondido a las necesidades y expectativas de los alumnos. En otras palabras, la evaluación está relacionada no sólo con los resultados o el «producto» de la enseñanza, sino también con los procesos a través de los cuales se desarrolla el aprendizaje. En esta línea, Richards (1985) propone una visión amplia de la evaluación, que comprendería los siguientes aspectos (Richards, *op. cit.*, págs. 9-10):

1. Análisis del sistema a través del cual se administra el programa, para determinar si refleja una organización óptima en cuanto a tiempo, recursos, alumnos, profesores y materiales.

2. Análisis de los fines y objetivos del programa para ver si son relevantes y alcanzables.

3. Evaluación de los resultados del programa para ver si los niveles alcanzados responden a los objetivos del programa.

4. Evaluación de los resultados obtenidos para verificar si se han conseguido como consecuencia del programa o a pesar del programa. El hecho de que los alumnos hagan progresos durante un periodo de enseñanza, por ejemplo, no nos permite llegar a la conclusión de que tales progresos sean el resultado del programa o la metodología adoptada. Los alumnos pueden aprender independientemente del método. Para determinar el grado en el que el programa es la causa de los resultados que se observan, es necesario investigar utilizando medios de carácter experimental, de manera que los efectos de una técnica o método particular puedan estudiarse de forma sistemática.

5. Análisis de los procesos a través de los cuales se lleva a cabo el programa.

Un planteamiento de este tipo implica obtener información de la actuación de los profesores y los alumnos durante el curso, de manera que pueda determinarse el grado en que se corresponde la teoría que subyace en una determinada filosofía de enseñanza con el tipo de aprendizaje y enseñanza que en realidad resulta de la aplicación de esa teoría en una situación concreta (Richards, *op. cit.*).

El enfoque que demos a la evaluación estará en función de los *propósitos* o *intenciones* que orienten este proceso. Los estudios tradicionales en el campo de la educación parten de la base de que la función primordial de la evaluación es ante todo juzgar la importancia de algo en relación con objetivos previamente establecidos. Podríamos decir que el objetivo es dar cuenta, casi en sentido literal, de los resultados obtenidos por un programa. Un enfoque de este tipo centra, por tanto, su análisis en los productos o resultados y no incluye la consideración de la calidad de los procesos relacionados con el apoyo institucional o con el desarrollo del currículo y de los profesores, por ejemplo. La aplicación de la evaluación como un medio para el desarrollo profesional de los profesores y el desarrollo del currículo en conjunto es algo relativamente reciente en el campo de la enseñanza de lenguas. La filosofía de este planteamiento se remonta a Stenhouse (1975), cuyos trabajos en el campo de la educación en general tuvieron enorme impacto en su momento. Para Stenhouse, el desarrollo del currículo es algo que depende, fundamentalmente, del desarrollo de los profesores. Este enfoque arroja luz sobre una dimensión de la evaluación de gran trascendencia: la reflexión del profesor sobre su propia práctica, la toma de conciencia del profesor sobre la repercusión de sus actos de enseñanza en el aprendizaje de los alumnos y, en sentido amplio, en el desarrollo del currículo. La idea de Stenhouse es que el currículo es y se desarrolla en la medida en que los profesores crecen profesionalmente y amplían la visión de su propia práctica docente.

En cualquier caso, los propósitos que acabo de enunciar no son excluyentes. La evaluación tiene sentido tanto en la medida en que da cuenta de resultados como en la medida en que favorece el desarrollo de procesos y la toma de conciencia de los profesores.

4
CONTENIDOS Y METODOLOGÍA: LA LÓGICA INTERNA
DEL PROGRAMA

En el capítulo 1 he enfocado el programa como el ámbito de relación entre los *contenidos* y las *actividades, materiales y experiencias de aprendizaje* que constituyen la *metodología*. Con respecto a cada uno de estos dos componentes, contenidos y metodología, cabe considerar, por una parte, criterios de selección y, por otra, criterios de organización o distribución, entendida ésta como la gradación de dificultad de los elementos seleccionados. Los criterios que orienten el proceso de seleccionar y organizar los contenidos y las actividades, y las decisiones que se adopten, tendrán su fundamento en las ideas y planteamientos del responsable del diseño del curso en relación con la naturaleza de la lengua y su aprendizaje. No obstante, el programa, en cuanto instrumento de planificación, responderá también a condicionamientos de carácter práctico y social, como los derivados de la filosofía educativa del currículo en el que se inscriba el curso.

Distintas escuelas y enfoques han privilegiado uno u otro componente a la hora de articular el programa: para unos, los contenidos constituyen la columna vertebral, y la metodología está al servicio de la «lógica interna» de los elementos concretos previamente seleccionados y organizados; para otros, lo relevante es el proceso de aprendizaje, de modo que la «lógica interna» del programa deriva de la experiencia misma de aprendizaje del alumno y de los procesos naturales de adquisición de la lengua. Muchos de los *métodos* de mayor impacto, como el Enfoque Natural o la Respuesta Física Total, y programas como los de inmersión o, más recientemente, los basados en tareas, centran su interés en el proceso de aprendizaje del alumno, al margen de cualquier especificación previa de contenidos. Por el contrario, los enfoques estructural-situacionales, audiolingüísticos y nocio-funcionales, así como los programas de fines específicos, tienen en común el hecho de estar construidos en función de los contenidos.

Contenidos y metodología no son desde luego variables excluyentes, antes al contrario, si bien el énfasis en uno u otra denota una interpretación determinada de principios y planteamientos pedagógicos sobre qué significa enseñar y aprender una lengua extranjera. Como hemos visto en el capítulo 1, pares de conceptos como producto/proceso o sintético/analítico reflejan modos de entender la enseñanza y el aprendizaje que afectan de modo decisivo a la labor de los responsables del diseño de cursos.

Al hilo de este planteamiento presento a continuación una aproximación a los problemas relacionados con la lógica interna del programa. En primer lugar, desde la perspectiva de los enfoques centrados en los contenidos, se incluye un análisis de los problemas relacionados con la selección y la organización de los contenidos del programa. A continuación, sobre la base de los enfoques que ponen énfasis en la metodología, consideraré la selección y organización de actividades, tareas y materiales.

EL ENFOQUE DEL PROGRAMA: CONTENIDOS VS. METODOLOGÍA

ÉNFASIS EN LOS CONTENIDOS

La selección de los elementos que serán objeto de enseñanza y aprendizaje es, probablemente, el asunto que más atención ha recibido tradicionalmente en el diseño de cursos y en la elaboración de programas educativos en general. La determinación de qué vamos a enseñar o qué queremos que nuestros alumnos aprendan tiene desde luego implicaciones de diverso tipo y, desde la perspectiva de un currículo de enseñanza general, nos sitúa en un plano de decisión de gran trascendencia, en la medida en que se trata de determinar los conocimientos, actitudes y valores que la propia sociedad tiene interés en preservar. Un rápido vistazo a la evolución de los fundamentos ideológicos o «filosofías» que subyacen en los currículos educativos de las últimas décadas nos permite acceder a una visión clara de la evolución de los valores dominantes. Los currículos y programas de lenguas no han sido ajenos a todo esto y reflejan también cuáles han sido y son los planteamientos del paradigma dominante en cada momento y las tendencias que se manifiestan en el tránsito o evolución de un paradigma a otro.

Los especialistas que han analizado la evolución de los criterios de selección de los contenidos en los programas de lenguas coinciden en señalar el significativo cambio que se produce en torno a la década de los 70, con la difusión de los planteamientos del enfoque comunicativo a partir de los trabajos desarrollados por la escuela lingüística británica y la sistematización de los actos de habla en programas que describían los usos y funciones de la lengua derivados del análisis de las intenciones o propósitos comunicativos de los hablantes.

Enfoque estructural-situacional

Hasta los años 70, las listas de contenidos de los programas de lengua se limitaban, en general, a recoger la especificación de las estructuras, léxico y pautas de pronunciación desde una perspectiva claramente centrada en el análisis de las distintas categorías gramaticales del sistema de la lengua. La secuencia graduada de modelos de oraciones y estructuras que constituían los programas de los cursos y de los materiales de enseñanza se denominó *programa estructural.* La fundamentación teórica de este enfoque se desarrolló en el ámbito de influencia de la escuela lingüística británica a partir de los trabajos de Palmer y West, quienes desarrollaron en los años 30 y 40 enfoques sistemáticos del contenido léxico y gramatical de los cursos de lengua y sentaron las bases de la enseñanza del inglés como lengua extranjera. El programa estructural, en consonancia con un *enfoque situacional* que permitía contextualizar y practicar los distintos elementos del sistema de la lengua, pasó a denominarse enfoque *estructural-situacional.* Según este enfoque, las estructuras o los elementos léxicos debían ser presentados en clase antes de trabajar con el texto, y la presentación debía relacionarse con situaciones de la clase que permitieran fijar el significado del nuevo elemento introducido (White 1988). En Estados Unidos, algunas décadas después de los trabajos de Palmer y West, Fries y sus colegas de la Universidad de Michigan aplicaron los principios del estructuralismo a la enseñanza de la lengua y el diseño de cursos, lo que dio origen en los años 60 al *método audiolingüístico.*

Enfoque nocio-funcional

Ya en los años 70, el Consejo de Europa inicia una serie de trabajos en torno a la descripción de un «Threshold-Level» o

«T-Level» («nivel umbral», en español), concebido como el eje de un sistema de enseñanza válido para las diferentes lenguas europeas, que tomaría como punto de partida el análisis de las necesidades individuales de los alumnos en situaciones reales de comunicación. Los cursos de lengua se desarrollan a partir de actividades de aprendizaje organizadas en función de porciones o unidades, cada una de las cuales correspondería a un componente de las necesidades del alumno y se relaciona sistemáticamente con las demás unidades. Los trabajos de los expertos del Consejo de Europa tomaron como base la definición de funciones lingüísticas de D. A. Wilkins, quien había partido del análisis de los sistemas de significados que subyacen en los usos comunicativos de la lengua. Sobre la base de este nuevo enfoque, los programas de lengua abandonan el criterio tradicional de selección y gradación de estructuras gramaticales y comienzan a elaborarse a partir de la descripción de categorías nocionales (conceptos como «tiempo», «cantidad», etc.) y categorías de función comunicativa («pedir y dar información», «agradecer», etc.). Los programas *nocio-funcionales* constituyen el primer paso del denominado *enfoque comunicativo*, que responde al objetivo principal de desarrollar procedimientos de enseñanza que reconozcan la interdependencia de la lengua y la comunicación, lo que sitúa el concepto de competencia comunicativa en el eje de las decisiones que han de adoptarse al elaborar programas y materiales de enseñanza.

A pesar de que los programas nocio-funcionales se presentaron como una propuesta de cambio de paradigma dirigida a superar las limitaciones de los programas gramaticales, la aplicación práctica del enfoque nocio-funcional no resultó, en este sentido, satisfactoria, si bien supuso una ampliación del enfoque de extraordinaria importancia en su momento. Lo cierto es que en el programa nocio-funcional, al igual que ocurría en el programa gramatical, el conocimiento y las capacidades establecidos como objetivos y contenidos siguieron siendo organizados y presentados de forma *sistemática*, es decir, a partir de fórmulas, estructuras, relaciones, reglas o esquemas relativos a la descripción del *sistema* de la lengua. Desde el punto de vista del criterio de organización, ambos modelos responden a un tipo de análisis de carácter lingüístico y ponen el énfasis en el conocimiento y las destrezas que deberá alcanzar el alumno como resultado de la enseñanza.

El programa estructural, también denominado gramatical, y el nocio-funcional son, por tanto, ejemplos de programas organizados en función de los contenidos. A estos dos tipos habría que añadir los programas *de fines específicos*, si bien en este caso los contenidos no se identifican con las estructuras, vocabulario, nociones, temas o funciones de los programas de lengua general, sino que responden a las exigencias de la especialidad de que se trate y derivan de un análisis de las necesidades particulares de los hablantes para desenvolverse en las situaciones de comunicación propias de un determinado ámbito profesional o académico. De manera que los enfoques y programas de carácter estructural-situacional, los audiolingüísticos, los nocio-funcionales y los de fines específicos comparten el denominador común de estar construidos a partir de la lógica interna de los contenidos que constituyen el sistema de la lengua.

Nuevos enfoques

A lo largo de la década de los 80 se van proponiendo nuevas formas de tratamiento de los contenidos de los programas, en un afán por dar respuesta a un enfoque de la enseñanza y el aprendizaje de la lengua más rico y complejo, que pone énfasis en los procesos psicolingüísticos que se activan en la comunicación y en el reconocimiento de la importancia de la participación activa del alumno en los procesos de aprendizaje. Además, la dimensión del uso social de la lengua había traído al primer plano la preocupación por incorporar en el programa elementos relacionados con los rasgos culturales de la comunidad de hablantes a la que accede el alumno, las normas y convenciones que regulan los usos sociales de esa comunidad y el análisis de los problemas derivados de los procesos de integración cultural. La idea de que aprender una lengua supone adquirir una nueva personalidad social conlleva también una preocupación por fomentar en los alumnos una reflexión sobre qué significa aprender una lengua extranjera y las repercusiones que ello tiene desde el punto de vista del desarrollo personal.

Desde esta visión más amplia de la descripción de contenidos, Graves (1996) presenta un repaso sistemático de las aportaciones de distintos movimientos o tendencias en el ámbito de la selección de los contenidos y la concepción en general de los programas de lenguas. Además de las descripciones de contenidos habituales en los programas gramaticales y nocio-funcionales, ya comentados más arriba, incluye los siguientes tipos de

descripciones, que recogen una visión más amplia de la enseñanza y el aprendizaje (Graves, *op. cit.*, pág. 20 y ss.):

- descripciones relacionadas con las cuatro destrezas, en la línea de
  los movimientos preocupados por la descripción de los niveles
  de competencia y las escalas de dominio;
- descripciones basadas en las «tareas» o actividades que realiza
  el alumno en clase, a partir del énfasis en la competencia comunicativa y en la importancia de la interacción en los procesos
  comunicativos como motor del aprendizaje;
- descripciones de las «competencias» de los alumnos en cuanto
  al tipo de lengua y de conducta necesarios para vivir en la comunidad y encontrar trabajo, en el caso de programas dirigidos a
  inmigrantes;
- descripciones de contenidos culturales, a partir de la idea de
  que la cultura es una dimensión que subyace en todo lo que uno
  sabe y hace y permite establecer conexiones entre la propia lengua y cómo usarla, cuándo y en relación con quién;
- descripciones de las asignaturas del currículo escolar que son
  enseñadas a través de la nueva lengua, en programas bilingües
  de «inmersión» o «basados en los contenidos»;
- descripciones de factores relacionados con los alumnos como
  personas que aprenden algo nuevo: actitudes, confianza, motivación, comprensión y desarrollo de las propias destrezas de
  aprendizaje; todo ello desde la perspectiva de la dimensión afectiva en el aprendizaje de lenguas;
- descripciones de aspectos relacionados con la participación de
  los alumnos en procesos que les permitan comprender el contexto social de sus problemas, desde una visión que fomenta el
  propio control de la vida personal y profesional a partir del trabajo en clase.

Si consideramos esta lista en conjunto podemos advertir la
tendencia a considerar aspectos que implican el desarrollo de
procesos de diverso tipo, más allá de la mera enumeración de
los elementos constitutivos del sistema de la lengua. El concepto
de «tarea», por ejemplo, pone énfasis en la idea de que la
lengua no es sólo algo que el alumno aprende sino algo con lo
que el alumno hace cosas. El interés por los aspectos relacionados
con la cultura y el aprendizaje de la lengua, tanto en su dimensión afectiva como en la implicación personal de los alumnos en
los propios resultados, expande el ámbito del programa hacia

una dimensión que añade a la descripción de los rasgos de la lengua y las situaciones de comunicación otros factores de carácter social, cultural y educativo.

Aunque las descripciones de contenidos que acabo de comentar representan concepciones fundamentadas en distintos tipos de análisis sobre el sentido mismo del programa, es claro que los aspectos de una u otra descripción pueden solaparse y aparecer relacionados o integrados en modelos multidimensionales en distintas situaciones y entornos educativos. La selección de los contenidos que sean adecuados para un curso determinado es, por tanto, un proceso también abierto y que dependerá de distintas variables que debe considerar el profesor. Los contenidos presentados en forma de listas o «inventarios» no deben ser entendidos como algo que constriñe la labor del profesor, sino como un mapa de ruta que le permita orientarse adecuadamente y compartir con los alumnos el sentido último de lo que se está llevando a cabo.

ÉNFASIS EN LA METODOLOGÍA

La ampliación del enfoque en el tratamiento de los contenidos a la que acabo de referirme nos lleva a una reflexión sobre el cambio que se ha producido en las últimas dos décadas en la enseñanza de lenguas y el diseño de cursos como consecuencia de las aportaciones de la sociolingüística, la psicolingüística y la teoría de la adquisición de lenguas. En opinión de Nunan (1988a), la creencia de que los paradigmas gramaticales, que el alumno interioriza a través de diferentes formas de ejercicios de clase, puedan tener un efecto comunicativo fuera de clase, parece excesivamente optimista. La transferencia de destrezas del ámbito de la clase a otros ámbitos no ocurre de forma tan automática como pudiera parecer, por lo que los enfoques centrados en la metodología han puesto el acento en el desarrollo de actividades diseñadas para aproximarse en clase a lo que ocurre en la genuina comunicación fuera. Se pide a los profesores que desarrollen actividades de vacío de información en las que los alumnos deben negociar con otros para remediar los desequilibrios en la distribución de la información. El conocimiento de la lengua se concibe como un complejo de competencias que actúan recíprocamente en la comunicación cotidiana (Canale y Swain 1980) y que no se limita al conocimiento de las normas y convenciones que rigen la comunicación, sino que incluye también la capacidad del hablante para ser creativo con esas normas y convenciones e incluso para adaptarlas o modificarlas durante la comunicación (Breen y Candlin, 1980; Brumfit, 1984). Un planteamiento de este tipo hace más compleja la tarea de los responsables del diseño de cursos, en la medida en que el programa se concibe como la representación de las capacidades que subyacen en el conocimiento lingüístico y no solamente la plasmación de las producciones o las actuaciones que se derivan del conocimiento del sistema y de las reglas de uso social de la lengua.

Un enfoque basado en la metodología incorpora, por tanto, una teoría psicolingüística del aprendizaje de la lengua y una cierta concepción de los procedimientos de enseñanza. Esto supone, según Richards (1985, pág. 35), las siguientes dimensiones:

– Una dimensión psicolingüística, que comprende una teoría del aprendizaje que describe estrategias de aprendizaje y procesos y que especifica las condiciones necesarias para que esos procesos sean utilizados de forma efectiva por los alumnos.

– Una dimensión relacionada con la enseñanza, que da cuenta de los procedimientos de enseñanza y aprendizaje que deben aplicarse y del papel del profesor y de los alumnos en el proceso de enseñanza (ej. los tipos de actividades y tareas que deben realizarse, el papel del alumno, como alguien que inicia y realiza actividades o resuelve problemas, así como el control que ejerce sobre el contenido de lo que aprende y cómo lo aprende).

Distintos métodos y programas pueden adscribirse al enfoque que pone énfasis en la metodología. Entre los métodos, Richards (1985) incluye algunos de los de mayor influencia en su momento, como Respuesta Física Total, de Asher, o la Vía Silenciosa, de Gattegno. El método de Asher fue diseñado para proporcionar experiencias de aprendizaje de la lengua que reduzcan el estrés y la ansiedad que experimentan los adultos en el aprendizaje de una lengua extranjera. Propone posponer la producción de enunciados y trabajar primero la recepción, y permite al profesor desarrollar sus propios materiales en la medida en que estén en consonancia con los procedimientos de enseñanza recomendados. En la misma línea, la Vía Silenciosa fomenta el uso de la inteligencia de cada uno para intensificar el aprendizaje mediante la expresión personal. El profesor está entrenado para involucrar a los alumnos en la experimentación, la práctica y la resolución de problemas, y permance relativamente en silencio a lo largo de gran parte de este proceso. La lengua se presenta a través de dibujos, objetos o situaciones que favorezcan el vínculo directo entre los sonidos de la lengua y los significados. Estos métodos están concebidos a partir de planteamientos que reflejan una determinada teoría del aprendizaje, y no a partir de los contenidos. En la misma línea de los métodos que acabo de mencionar se sitúan el «enfoque natural», de Krashen y Terrell, los llamados programas «de inmersión» y los programas «basados en tareas». En el próximo capítulo veremos con más detalle las características de este tipo de programas.

El enfoque tradicional del diseño de cursos partía de la base de que la selección de actividades y materiales es tarea del profesor y sigue a la previa selección de objetivos y contenidos. Los enfoques centrados en la metodología responden a un planteamiento que pone en primer plano los procesos que llevan al alumno a alcanzar el conocimiento y las destrezas necesarios, en vez de tomar como punto de partida el producto o resultado, esto es, la especificación del conocimiento y las destrezas que el alumno habrá de dominar. De hecho, este enfoque responde a lo que es práctica habitual en el diseño y desarrollo de cursos: muchos profesores piensan más en las actividades y los materiales que en objetivos y contenidos.

Como observa Richards (1990), la enseñanza consiste, al fin y al cabo, en las actividades y experiencias de aprendizaje que se seleccionan para contribuir a que pueda producirse el aprendizaje y en cómo estas actividades y experiencias se usan efectivamente en clase. El peso que se dé a cada actividad en una lección o unidad determinada y el tipo de interacción que promueva irá configurando el desarrollo del programa y estará en función del enfoque general del curso. Un curso de conversación, por ejemplo, podría incluir el siguiente tipo de actividades, seleccionadas sobre la base de las pautas de interacción propias de las conversaciones y las posibilidades de práctica que conllevan (Richards, *op. cit.*, pág. 14):

- trabajo en parejas o en grupo (alumno-alumno)
- práctica con un texto (profesor-alumno)
- conversación libre (profesor-alumnos / alumno-alumno)
- práctica de diálogos (alumno-alumno)
- ejercicios de pronunciación (profesor-alumno)

La metodología tiene que ver también con el papel que se confiere a los materiales de enseñanza. Cuando seleccionan, desarrollan o adaptan materiales los profesores tienen en cuenta una serie de factores. En opinión de Graves (1996), dos de los más importantes serían su eficacia a la hora de lograr las metas generales del curso y su adecuación a las características de los alumnos y del propio profesor. La adecuación supone que los alumnos se sientan cómodos con los materiales, esto es, que el nivel de lengua que exigen sea el apropiado, que despierten su interés y que respondan a aspectos que les resulten relevantes para sus necesidades e intereses. Los profesores con más experiencia a menudo desarrollan un conjunto de materiales que van adaptando en función de las características de cada curso. Se trata en este caso de materiales flexibles y que pueden explotarse de distintas formas, en función de las destrezas o competencias a las que se dé prioridad. Un artículo de periódico, por ejemplo, podría utilizarse como base para practicar destrezas de comprensión de lectura, ampliación de vocabulario o debate sobre aspectos culturales (Graves, *op. cit.*).

En relación con los materiales Richards (*op. cit.*, págs. 14-15) propone las siguientes preguntas:

1. ¿Serán los materiales la principal fuente de información sobre la lengua para los alumnos, o sólo un complemento que utiliza el profesor?

2. Los materiales, ¿serán incorporados sin más al programa, o serán adaptados o preparados de algún modo especial?¿Cuál de estas opciones encaja mejor con los recursos disponibles y con las habilidades de los profesores con respecto al programa?

3. Si se van a utilizar materiales ya editados (p.ej. libros de texto publicados), ¿qué tipo de preparación necesitarán los profesores para utilizarlos de modo efectivo?

4. Si los materiales son elaborados especialmente para el programa, ¿quién participará en su preparación y en qué circunstancias?

5. ¿Habrá medidas previstas para el desarrollo, evaluación y revisión de los materiales?

Qué criterios se siguen para organizar o establecer la gradación de los elementos que constituyen el programa es asunto sustancial, en la medida en que consideramos que lo que el programa incluye es no sólo la selección de los componentes sino también su distribución en una secuencia ordenada. Los criterios de organización pueden, no obstante, variar según pongamos el énfasis en los contenidos o en la metodología. Como hemos visto en el apartado anterior, los programas gramaticales responden a una lógica interna que deriva de la consideración del carácter sistemático de la lengua. La gradación de dificultad en este caso viene dada por la mayor o menor dificultad de los elementos constitutivos del sistema, esto es, del léxico y las estructuras que constituyen el propio sistema. Se parte de la idea de que las estructuras más sencillas son más fáciles de aprender que las complejas, algo que fue rebatido posteriormente por las investigaciones de la teoría de adquisición de lenguas. Se cita con frecuenca a este especto el caso del morfema «-s» de la tercera persona del inglés. La experiencia venía a demostrar que, aun siendo una estructura muy simple, los alumnos no la adquirían hasta estadios intermedios del aprendizaje, debido a factores de carácter cognitivo.

Si trascendemos la lógica de los contenidos y pensamos en organizar el programa en función de las actividades y materiales, se abren distintas posibilidades, como, por ejemplo, las siguientes (Graves, *op. cit.*):

– Partir de lo más sencillo para ir a lo más complejo, pero sin limitarnos a los elementos gramaticales sino considerando también factores de carácter cognitivo. En un curso de expresión escrita, por ejemplo, se trataría de pasar de los textos narrativos a los argumentativos.

– Ir de lo más concreto a lo más abierto. Por ejemplo, hablar de una familia a partir de un dibujo y una serie de términos de parentesco dados, antes de pasar a hablar libremente de la propia familia.

– Considerar una actividad determinada que prepare a los alumnos para realizar otra. Por ejemplo: en una actividad de comprensión de lectura, los alumnos adelantan el contenido del texto a partir de los titulares y los dibujos que lo acompañan, y luego lo leen.

No siempre resulta fácil establecer criterios de gradación que puedan aplicarse de forma sencilla y eficaz. La gradación de la dificultad cognitiva de las actividades, por ejemplo, no siempre resulta evidente. Los anejos 1 y 2 de este capítulo (págs. 60 y 61), adaptados de Dubin y Olshtain (1986), recogen una serie de pautas que pueden resultar útiles a ese respecto. En el anejo 1, la escala para medir el potencial comunicativo de los ejercicios permite advertir una gradación progresiva en función del criterio de mayor o menor interacción de las actividades, desde la recepción pasiva de la información, en el punto más bajo de interacción, hasta la negociación de la información, en el punto más alto. El anejo 2 presenta una escala para medir el potencial cognitivo, desde el nivel más bajo de la memorización de la información, hasta el más alto de la evaluación. Aunque este tipo de escalas puedan ser discutibles en ciertos aspectos, aportan criterios que trasciendeñ el análisis estrictamente lingüístico. Escalas similares pueden ser elaboradas por los profesores en función de otros criterios derivados de la propia experiencia.

CONTENIDOS Y METODOLOGÍA DESDE LA PERSPECTIVA DEL CURSO

La reflexión de los apartados anteriores nos ha llevado a una aproximación a los problemas más frecuentes que nos planteamos al abordar el enfoque del programa desde la perspectiva de los contenidos y de la metodología. Aunque una u otra persectiva haya sido dominate en el enfoque de métodos y programas, según se pusiera el énfasis en el «qué» o en el «cómo» de la enseñanza, los desarrollos más recientes de la enseñanza de lenguas, especialmente con el impulso de la enseñanza comunicativa, han insistido en la necesidad de integrar ambos componentes desde una perspectiva más amplia. Como hemos visto, los enfoques centrados en los contenidos han ido evolucionando hacia planteamientos que trascienden la lógica interna del sistema de la lengua y buscan incorporar otros factores que tienen que ver con procesos, competencias y actitudes de los alumnos, lo que nos aproxima tanto a la lógica interna de los enfoques basados en la metodología que puede llevarnos a pensar que la tradicional separación entre contenidos y metodología, en lo que hace al enfoque del programa, deja de tener sentido.

Desde la perspectiva del curso es necesario prestar atención a los problemas de organización. Como observa Yalden (1987), hemos de disponer una serie de principios organizativos que proporcionen un esquema conceptual en el que puedan relacionarse los hallazgos de la investigación lingüística y la psicolingüística, es decir, las aportaciones provenientes de los métodos y programas que se han centrado en los contenidos y las de los métodos y programas que se han centrado en la metodología. El esquema que se proponga habrá de ser coherente con la teoría general de la educación y con las características del entorno social y cultural en el que se desarrolle la enseñanza. Para abordar este problema, Yalden (*op. cit.*, págs. 77-8) propone dividir el trabajo en dos fases:

Primera fase. Preparar las especificaciones del programa, sobre la base de la teoría y la práctica. Recabar la información disponible sobre datos de los alumnos y las condiciones materiales de las que se parte, para hacer una descripción de la situación de enseñanza: los alumnos, los fines y objetivos generales, los recursos disponibles en clase. A esto se añadirá una descripción de las situaciones-meta en las que los alumnos habrán de usar la lengua. En esta primera fase resultarán particularmente útiles los inventarios que describen y clasifican estructuras gramaticales, léxico, conceptos y áreas temáticas (por ej. los documentos del Consejo de Europa, Threshold Level y Vantage Level, y sus adaptaciones a las distintas lenguas). Si el curso se inscribe en un currículo es muy posible que el plan o proyecto curricular incluya este tipo de especificaciones, junto con orientaciones metodológicas, técnicas de enseñanza y materiales curriculares.

Segunda fase. Explotar la información de la primera fase, de manera que la comunicación y la interacción puedan desarrollarse en clase. Yalden reconoce que esta es la fase de desarrollo que está menos elaborada en los enfoques de orientación comunicativa. En esta fase se incorpora el concepto de *unidades de análisis de los programas* que presenté en el capítulo 1. Podemos organizar diferentes tipos de programas a partir de una u otra unidad de análisis.

En el próximo capítulo presento, a partir de las descripciones de los especialistas, los tipos de programas que han tenido mayor repercusión en las últimas décadas, y considero una serie de variables que pueden tomarse en consideración a la hora de determinar el tipo de programa más adecuado para una determinada situación de enseñanza.

ANEJO 1

ESCALA PARA MEDIR EL POTENCIAL COMUNICATIVO DE LOS EJERCICIOS

más interactivo / comunicativo   menos interactivo
1 ──▶ 7

1. *La nueva información se negocia*

Incluye la expresión de, la reacción ante y la interpretación de nueva información. Por ejemplo, la mayoría de los ejercicios para grupos pequeños si la interacción entre los miembros del grupo es en la nueva lengua.

2. *La nueva información se expresa*

Por ejemplo, hacer un cuestionario, escribir una carta o una redacción, dar un informe oral, dejar un recado en un contestador automático o bien en una nota, proporcionar información a alguien.

3. *La nueva información se usa o se aplica*

Por ejemplo, escribir una carta como respuesta a un anuncio, cumplimentar un formulario, contestar un cuestionario que requiere respuestas objetivas, organizar las ideas principales en una secuencia lógica, actividades de ordenar elementos (historieta en distintas viñetas), obtener información fuera de clase o bien de un compañero.

4. *La nueva información se transfiere*

Por ejemplo, rellenar un plano, completar un gráfico, poner indicadores en un mapa, copiar información.

5. *La nueva información se recibe, pero no hay reacción verbal*

Por ejemplo, comunicarse con una respuesta física, como hacer un dibujo, seguir una ruta a partir de un mapa, seguir instrucciones para construir algo.

6. *No se procesa información; el énfasis está en la forma*

Por ejemplo, operaciones mecánicas como ordenar, combinar, añadir, borrar, sustituir; practicar un diálogo que ha sido memorizado; leer en voz alta poniendo atención en la pronunciación.

7. *Se recibe nueva información*

Por ejemplo, oír una canción o una historia leída en voz alta, ver un programa de la televisión, o cualquier otra actividad que implique escuchar durante un cierto tiempo y que no requiera una respuesta física.

Adaptado de Dubin, F. y E. Olshtain (1987): *Course Design*, págs. 98-99. Cambridge, Cambridge University Press.

ANEJO 2

ESCALA PARA MEDIR EL POTENCIAL COGNITIVO DE LOS EJERCICIOS

alto   bajo
1 ──▶ 7

1. *Evaluación*

Hacer un juicio de bueno o malo, correcto o erróneo, valioso o inútil, de acuerdo con criterios establecidos por el alumno.

Por ejemplo: escribir una crítica de un libro, obra de teatro o programa de televisión.

2. *Síntesis*

Resolver un problema que requiere pensamiento original y creativo.

Por ejemplo: trabajar con un grupo en un proyecto a gran escala como planificar y producir una revista de clase, una obra de teatro, un panel de discusión, etc.

3. *Análisis*

Resolver un problema a la luz del conocimiento consciente de las partes y formas de pensamiento.

Por ejemplo: jugar a un juego de mesa (dominó, damas) o a un juego de cartas en el que las decisiones deben tomarse de entre posibilidades conocidas.

4. *Aplicación*

Resolver un problema similar a los de la vida real que exija la identificación de los asuntos y la selección y el uso de generalizaciones y habilidades apropiadas.

Por ejemplo: tomar parte en una simulación en la cual los asuntos que han de ser resueltos sean conocidos y comprendidos por los participantes aunque el resultado sea determinado por la interacción del propio grupo.

5. *Interpretación*

Descubrir relaciones entre hechos, generalizaciones, definiciones, valores y habilidades.

Por ejemplo: tomar notas de una lectura y usar estas notas para contestar preguntas que impliquen evaluación sobre el contenido de la lectura.

6. *Translación*

Cambiar información a una forma simbólica diferente de lengua.

Por ejemplo: leer información en un texto, después explorar el texto para encontrar hechos específicos con objeto de poner el dato correcto en un mapa o en otro elemento gráfico.

7. *Memorización*

Recordar o reconocer información.

Por ej: leer un pasaje y contestar preguntas de comprensión que se refieran a aspectos específicos del texto.

Adaptado de Dubin, F. y E. Olshtain (1987): *Course Design*, págs. 99-100. Cambridge, Cambridge University Press.

5

SELECCIÓN DEL TIPO DE PROGRAMA

Presento en este capítulo una breve descripción de distintos tipos de programas que han tenido especial repercusión en el campo de la enseñanza de lenguas en las últimas décadas. Doy un tratamiento más detallado a los cinco tipos o modelos que considero más importantes: el gramatical, el nocio-funcional, el natural, el de procesos y el de tareas. En la descripción de los paradigmas actuales en el diseño de programas (ver conceptos clave en el capítulo 1) de Breen (1987), los dos primeros constituyen los prototipos de los planes sistemáticos y los dos últimos los prototipos de los planes de procesos. Incorporo a esta lista el programa natural porque considero que responde a una reflexión sobre la adquisición y aprendizaje de la lengua que ha tenido notable impacto en la práctica de la enseñanza de lenguas en las dos últimas décadas. En el apartado dedicado a otros tipos de programas incluyo algunos también de gran repercusión, pero que no tienen, desde mi punto de vista, un valor generalizador tan fuerte como el de los modelos principales.

En los modelos principales presento en primer lugar una aproximación al enfoque a partir de algunos de los conceptos clave desarrollados en el capítulo 1 (sintético vs. analítico; producto vs. proceso; contenidos vs. metodología). A continuación, doy unas referencias generales que permitan situar cada uno de los programas y localizar a sus principales mentores, e indico la fuente de la que he tomado los datos de la descripción. En el apartado de descripción sólo he pretendido incluir rasgos generales que permitan al lector hacerse una idea general. Los datos que doy en cada caso permitirán obtener información para profundizar en uno u otro tipo de programa. En el apartado de observaciones salgo de la descripción objetiva para incorporar valoraciones del alcance y las limitaciones de los distintos tipos. Las descripciones de los otros tipos de programas incluyen al final entre paréntesis las referencias oportunas.

El apartado dedicado a las variables para la selección del tipo de programa pretende suscitar la reflexión del lector sobre aquellos aspectos que conviene valorar a la hora de determinar el tipo de programa más adecuado en una determinada situación de enseñanza. Es claro que las pautas que se incluyen son una mera indicación y habrán de ser, en todo caso, ponderadas en relación con las circunstancias concretas de cada curso.

TIPOS DE PROGRAMAS: CINCO MODELOS

1. PROGRAMA GRAMATICAL

Enfoque

- sintético / analítico
- producto / proceso
- contenidos / metodología

Referencias

El programa gramatical es la expresión del paradigma dominante en los años posteriores a la segunda guerra mundial. En el capítulo anterior, al desarrollar el enfoque estructural-situacional, he aludido a los principales mentores de este tipo de programa en Europa y en Estados Unidos.

Los datos de la descripción han sido extraídos del artículo titulado *Contemporary Paradigms in Syllabus Design*, de M. Breen (1987, págs. 85-87), que ofrece un completo análisis de las características de este tipo de programa. Este artículo incluye un apartado de referencias sobre el desarrollo del programa gramatical desde su origen hasta que es puesto en cuestión en los años 70.

Descripción

Se sustenta en una larga tradición de análisis lingüístico y parte de la idea básica de que la lengua es un sistema que se puede analizar en términos de reglas, categorías, estructuras, etc. Estas categorías de análisis pueden ser incorporadas a un programa o plan que permita enseñar el sistema, lo que facilitará al alumno la labor de descubrir cómo funciona la lengua. Las distintas categorías pueden aprenderse en adición, en la línea del planteamiento del enfoque sintético. Hay que llegar a dominar un elemento concreto del sistema antes de pasar a otro.

Tiene en cuenta la capacidad del ser humano para el análisis metalingüístico (reflexionar sobre cómo funciona la lengua). Esta capacidad permite al alumno comprender la lengua y controlarla de forma más eficiente que si fuera meramente expuesto a muestras de lengua de forma espontánea. El objetivo es desarrollar las capacidades necesarias para usar correctamente, desde un punto de vista lingüístico o textual, las cuatro destrezas. Se asume que las destrezas auditivas y de lectura deben servir y contribuir al desarrollo de las destrezas productivas, por lo que se trabaja desde las destrezas receptivas hacia las productivas. El uso de la lengua se identifica con el uso de las destrezas.

La selección de los contenidos del programa se basa en los distintos subsistemas (pronunciación, gramática, vocabulario y morfología, rasgos estructurales de la lengua) y se lleva a cabo en función de los aspectos de cada subsistema que se consideran apropiados al nivel de los alumnos. El alumno debe ir aumentando y refinando sus conocimientos sobre cada uno de los subsistemas, hasta que sea capaz de usarlos correctamente de modo unificado. La gradación responde a la complejidad lingüística: de lo más «sencillo» (formas, estructura o reglas) a lo más «complejo». O bien a la frecuencia de uso: del uso más frecuente al menos frecuente. O bien a la utilidad: de las estructuras, vocabulario, etc., más útil al menos útil.

Observaciones

Se basa en una relación de equivalencia entre la dificultad gramatical y la dificultad de aprendizaje. Como hemos visto en el capítulo anterior, esto ha sido cuestionado por la teoría de adquisición de lenguas. Nunan (1988b) observa que los programas orientados al producto parten de la base, fuertemente criticada por los especialistas, de considerar que lo que se enseña en clase se corresponde con lo que efectivamente aprenden los alumnos. La discrepancia entre lo que se enseña y lo que efectivamente se aprende ocurre, en opinión de algunos especialistas, cuando la gradación del programa se hace a partir de criterios gramaticales más que psicolingüísticos.

En el desarrollo de manuales y materiales hay dificultad a la hora de presentar muestras de lengua que respondan a los elementos que pretenden enseñarse sin distorsionar la naturalidad propia de la comunicación espontánea. Como respuesta a esta limitación el profesor se ve obligado con frecuencia a facilitar un contexto rico y natural de las muestras de lengua, aunque mantenga el objetivo de que los alumnos retengan sólo los contenidos correspondientes a la unidad de que se trate.

No representan adecuadamente la naturaleza del complejo fenómeno que es la lengua. Una misma estructura de la lengua puede corresponderse con diferentes funciones comunicativas y, a la inversa, una misma función puede realizarse mediante diferentes estructuras.

2. *PROGRAMA NOCIO-FUNCIONAL*

Enfoque

- sintético / analítico
- producto / proceso
- contenidos / metodología

Referencias

En el capítulo anterior he presentado las bases generales del enfoque nocio-funcionalista. Los datos de la descripción han sido extraídos también del artículo de M. Breen (*op. cit.*, págs. 87-91) mencionado más arriba, que incluye un completo apartado de fuentes y referencias. Observaciones interesantes sobre este tipo de programa pueden encontrarse en Markee (1997), Long y Crookes (1992), Nunan (1988a) y Yalden (1987).

Descripción

Se basa en una visión sociolingüística de los objetivos que pueden alcanzarse mediante la lengua. Parte de la idea de que el conocimiento de la lengua también incluye el conocimiento de cómo usar la lengua de forma apropiada con objeto de satisfacer objetivos concretos y participar en situaciones cotidianas. Pone énfasis en el significado como elemento importante en la experiencia de aprendizaje de la lengua, lo que supone dar prioridad a la lengua como medio para hacer cosas sobre el conocimiento lingüístico propiamente dicho. Se valora la fluidez tanto como la corrección.

El conocimiento lingüístico se define a partir del análisis de las funciones interpersonales o sociales, al que ocasionalmente se añade un análisis de las nociones o conceptos que una lengua puede también codificar. Los objetivos y los contenidos para la enseñanza de la lengua son representados mediante categorías socio-semánticas que se relacionan con sus exponentes lingüísticos o textuales. Así, se presenta la lengua a partir de sus diversas funciones, entendidas como categorías de uso con distintas realizaciones lingüísticas.

Las capacidades que se pretende desarrollar en el alumno no se limitan al uso correcto de la lengua, sino que incluyen el que sea capaz de utilizarla de forma socialmente apropiada. El proceso de desarrollo de un repertorio de funciones se identifica con el desarrollo secuencial desde las destrezas receptivas a las productivas. La gradación se basa en la selección de una serie concreta de funciones –las más adecuadas al uso de la lengua que necesita el alumno–, que se organizan en categorías principales y subordinadas, para cada una de las cuales se establece una serie de realizaciones apropiadas. La secuencia va desde las funciones principales a las subordinadas y de las realizaciones lingüísticas más comunes a las más sofisticadas; o de las realizaciones más necesarias o frecuentes a las que lo son menos.

Observaciones

En opinión de Wilkins el programa nocio-funcional responde al enfoque analítico, pues considera que las funciones y las nociones son unidades de análisis que se basan en el significado, frente a las unidades de análisis del programa gramatical (vocabulario, estructuras, etc.), que son de carácter lingüístico. Este planteamiento ha sido contestado con el argumento de que, si bien la organización del programa nocio-funcional se diferencia de la del gramatical en que agrupa los elementos de acuerdo con su función comunicativa y no a partir de su relación lingüística, la información que se aporta (el *input*) al alumno y el resultado o la actuación (el *output*) que se espera de él sigue consistiendo en estructuras aisladas (ej. *¿Le importaría* + infinitivo, *por favor?*), que no son más plausibles como unidades de adquisición por el hecho de resaltar su potencial función comunicativa (Long y Crookes 1992).

Desde este punto de vista, el programa nocio-funcional, al igual que el gramatical, se basa en un análisis de la *lengua* que el alumno aprende. Las nociones y funciones son, en definitiva, unidades de análisis de carácter lingüístico, al igual que lo son las estructuras o el vocabulario del programa gramatical. En la medida en que utilizan unidades lingüísticas previamente seleccionadas y criterios lingüísticos para establecer la selección y gradación de los contenidos, ambos tipos de programas responden a un mismo enfoque sintético.

3. *PROGRAMA NATURAL*

Enfoque:

- sintético / analítico
- contenidos / metodología
- producto / proceso

Referencias

En su origen, el programa o enfoque natural (*Natural Approach*) se desarrolló como un método de enseñanza de lengua en Estados Unidos dirigido a alumnos de niveles iniciales e intermedios (Krashen y Terrell 1983). El fundamento teórico de este enfoque es la teoría de adquisición de segundas lenguas propuesta por Krashen y, de hecho, el programa natural se considera una aplicación pedagógica de esta teoría, conocida como «Modelo del Monitor» (Krashen 1981, 1982, 1985), a la que me he referido en el capítulo anterior. Observaciones interesantes sobre este tipo de programa pueden encontrarse en Markee (1997), Nunan (1988a) y Yalden (1987).

Descripción

Parte de la idea básica de que la clase de lengua debe promover la práctica de actividades de adquisición. En relación con este objetivo fundamental el programa supone la aplicación práctica de los siguientes principios o hipótesis:

1) Hipótesis de la adquisición vs. aprendizaje, entendidos como procesos diferenciados: la *adquisición* tiene que ver con el modo en que las habilidades lingüísticas se interiorizan de modo «natural», esto es, sin una atención consciente a las formas lingüísticas; el *aprendizaje*, por su parte, es un proceso consciente y se produce como consecuencia de una situación formal de aprendizaje, que lleva al desarrollo del conocimiento de las reglas gramaticales de la lengua.

2) Hipótesis del monitor. La adquisición es el proceso primario, mientras que el aprendizaje puede contribuir a la producción lingüística sólo cuando la información aprendida se utiliza como un «monitor» que procesa la información de salida (*output*) en situaciones en las que el hablante centra su atención en aspectos formales de la lengua, conoce las reglas subyacentes y tiene tiempo para aplicar este conocimiento. El monitor opera, así, como un mecanismo de control, que permite autocorregirse al alumno.

3) Hipótesis de la información de entrada (*input*). No es necesaria la enseñanza formal, en la medida en que los alumnos adquieren la lengua mediante su uso, siempre que la información de entrada reúna las siguientes condiciones: que sea comprensible e interesante, que esté centrada en el significado, que no se presente en una determinada secuencia gramatical y que esté un poco por encima del nivel de comprensión que tenga el alumno.

4) Hipótesis del orden natural. Hay un orden natural y predecible de desarrollo en la forma en que los adultos y los niños aprenden las estructuras gramaticales de la lengua. Este orden de adquisición tiene lugar sólo cuando la atención se centra en la lengua como comunicación, esto es, cuando se «adquiere» más que cuando se «aprende» la lengua. Durante la adquisición, se producirá el mismo tipo de errores en los alumnos, independientemente de cuál sea su lengua nativa.

5) Hipótesis del filtro afectivo. Factores afectivos, como la ansiedad, la autoestima, etc., pueden afectar al progreso de

los alumnos. Si el filtro afectivo es bajo, los alumnos estarán en mejor disposición para buscar y obtener más *input*, cobrar autoconfianza en su relación con hablantes nativos y sacar provecho, con fines de adquisición, del *input* que reciben.

Este planteamiento básico se traslada a la práctica mediante una serie de pautas metodológicas que permiten una progresión de las destrezas receptivas a las productivas. Estas pautas incluyen técnicas de las descritas por Asher en su Respuesta Física Total, ejercicios de preguntas y respuestas, diálogos y estrategias diseñadas para promover la resolución de problemas y la interacción en clase.

A partir de los principios establecidos, y teniendo en cuenta el planteamiento metodológico, el programa natural propone las siguientes líneas de actuación:

- La clase deberá promover la comunicación más que centrarse en aspectos de la estructura de la lengua.
- Los profesores deberán permitir que la competencia lingüística vaya emergiendo, más que dictar cuándo y en qué orden han de aprenderse los distintos contenidos de la lengua.
- La corrección de los errores deberá centrarse en el significado y no en las formas gramaticales.

En clase se proporcionan «experiencias» mediante actividades de adquisición distribuidas en estadios que representan las distintas fases de adquisición de la segunda lengua. Los estadios de adquisición son definidos a partir de criterios psicolingüísticos, y las actividades propuestas por el profesor deben responder a tales estadios.

Observaciones

En los últimos años el Modelo del Monitor ha recibido críticas, debido sobre todo a que comparativamente pocas de sus especulaciones teóricas se basan en su propia investigación empírica y a que muchas de sus sugerencias están basadas en extrapolaciones no razonables de datos disponibles (Nunan 1988a). No obstante, las ideas de Krashen fueron en su día un aldabonazo para el desarrollo de trabajos y experimentaciones que han tomado como base la importancia de los procesos naturales de desarrollo de la lengua y el énfasis en la adquisición. Se ha criticado también la idea de que el modelo se centra en proveer las condiciones adecuadas para que se produzca la adquisición de la lengua, en una especie de «vacío social», y que los aspectos sociales del ambiente de aprendizaje (particularmente, la clase) son irrelevantes respecto al qué y al cómo aprenden los alumnos (Nunan 1988b).

El principio de que el aprendizaje no puede llegar a convertirse en adquisición es contestado por Richards (1985) a partir del hecho de que determinadas frases coloquiales, rutinas conversacionales o incluso formas verbales y frases que los alumnos han aprendido conscientemente pasan pronto a un uso automático e inmediato. McLaughlin (1978; en Muñoz Liceras 1992), en la misma línea crítica, considera que el Modelo del Monitor no es válido porque se basa en la experiencia subjetiva y no en actos de comportamiento y, al igual que Richards, niega el principio fundamental de Krashen de que lo «aprendido» no es válido para iniciar producciones y que sólo lo «adquirido» puede utilizarse para tal propósito.

4. *PROGRAMA DE PROCESOS*

Enfoque

- sintético / analítico
- contenidos / metodología
- producto / proceso

Referencias

El programa de procesos (*process syllabus*) se desarrolló en la Universidad de Lancaster a lo largo de los 80 y se utilizó inicialmente con alumnos de cursos de fines específicos. Está estrechamente relacionado con un enfoque curricular de la enseñanza. Sus mentores principales son Breen y Candlin (Breen 1984, 1987; Breen y Candlin 1980; Candlin 1987).

Los datos de la descripción se han extraído de *Three Approaches to Task-Based Syllabus Design*, de Long y Crookes (1992), del artículo de Breen citado más arriba (1987, págs. 166-170) y de Markee (1997).

Descripción

Se fundamenta en principios educativos y filosóficos, más que psicolingüísticos. Parte de la base de que la comunicación y el aprendizaje también se encuentran situados socialmente dentro del grupo que constituye la clase. Cabe identificar, a este respecto, tres procesos relacionados: la comunicación, el aprendizaje y el proceso de grupo de la comunidad que constituye la clase.

Los contenidos, los materiales, la metodología y los procedimientos de evaluación no están determinados de antemano sino que son negociados entre el profesor y los alumnos a lo largo del curso. Los alumnos contribuyen, así, a la selección de los contenidos y los materiales y aportan información sobre cómo quieren que se les enseñe y evalúe. Este planteamiento de negociación implica que el programa no tiene carácter predictivo sino retrospectivo, esto es, da cuenta de lo que se ha ido enseñando. El diseño de un curso se concibe, así, como el desarrollo de cuatro diferentes niveles de decisión, en cada uno de los cuales los alumnos pueden elegir entre una serie de opciones:

a) decisiones generales sobre el aprendizaje de la lengua en clase (qué necesitan aprender los alumnos, cómo prefieren aprender, cuándo, con quién, etc.);

b) procedimientos alternativos para llevar a cabo esas decisiones (las bases de un eventual «contrato de trabajo» entre el profesor y los alumnos);

c) actividades alternativas: trabajo dirigido por el profesor, trabajo en grupo, laboratorio, etc.;

d) tareas alternativas, es decir, un banco de tareas pedagógicas entre las que los alumnos pueden elegir para realizar las actividades.

Finalmente, se proporcionan procedimientos para evaluar la efectividad de las opciones elegidas en el nivel (b), (c) y (d) en relación con los objetivos seleccionados en (a).

El programa se sitúa en estrecha relación con el currículo. Las líneas generales del currículo recogen una serie de intenciones pedagógicas, así como especificaciones de contenidos, criterios de evaluación e incluso bancos de materiales que pueden ser adaptados por los profesores para responder a las necesidades de los alumnos. El programa incluiría los contenidos y las actividades que se fueran negociando con los alumnos en cada curso particular.

Observaciones

Markee (1997) observa que una versión «fuerte» de este programa presenta serias dificultades. De hecho, los informes realizados sobre las aplicaciones prácticas de este programa reflejan que el proceso de negociación se lleva a cabo sobre unas bases previas que limitan en cierto modo las decisiones de los alumnos, lo que refleja una versión «moderada» de los presupuestos del programa. Así, las decisiones de los alumnos sobre los contenidos que quieren aprender y las actividades que prefieren practicar se basan en parámetros bien definidos.

Por otra parte, la negociación de los profesores y los alumnos sobre las actividades requiere la existencia de un banco de materiales a disposición, algo que no siempre ocurre. Incluso aunque el banco exista, habría que plantearse si los materiales pueden ser comerciales o habrían de ser elaborados por los profesores. En todo caso, la organización del banco y la creación de un gran número de materiales y recursos de aprendizaje supone un gran esfuerzo por parte de los profesores.

Long y Crookes (1992), por su parte, consideran que este modelo supone una profunda redefinición de los papeles que desempeñan los profesores y los alumnos y una redistribución del poder y de la autoridad en clase demasiado radical, no aceptable en determinadas sociedades.

A pesar de estas dificultades, el programa presenta la ventaja de que permite a los alumnos estar en todo momento mejor informados sobre el curso. Los alumnos pueden, además, ver claramente reflejada en la actividad de clase la respuesta a sus necesidades objetivas y subjetivas y se sentirán probablemente más implicados en el éxito del curso. Por su parte, los profesores obtendrán una respuesta a su enseñanza de forma continuada a lo largo del curso, lo que les permitirá proponer las adaptaciones y modificaciones necesarias.

5. PROGRAMA BASADO EN TAREAS

Enfoque

- sintético / analítico
- producto / proceso
- contenidos / metodología

Referencias

El programa basado en tareas (*task-based syllabus*), desarrollado por Long y Crookes (1992, 1993) se fundamenta en las investigaciones de la teoría de la adquisición de lenguas, particularmente en estudios descriptivos y experimentales que han comparado los resultados del aprendizaje dirigido con los del aprendizaje a través de procesos naturales, no dirigidos.

Los datos de la descripción se han extraído de *Three Approaches to Task-Based Syllabus Design,* de Long y Crookes (1992), del artículo de Breen (1987, págs. 161-166) y de Markee (1997).

Descripción

Se basa en la creencia de que los alumnos pueden proceder analíticamente en su exploración de la comunicación de la nueva lengua y en el conocimiento y uso de las habilidades que ello implica. Esto responde al principio de que la metacomunicación es en sí misma un poderoso trampolín para el aprendizaje de la lengua. Organiza y presenta los objetivos de enseñanza y aprendizaje a través de la concreción de cómo el alumno puede desarrollar su competencia comunicativa mediante la realización de una serie de tareas. El modelo considera, por una parte, un tipo de tareas de carácter pedagógico, que permite la práctica de los aspectos formales de la lengua, y, por otra, las tareas propiamente comunicativas a las que los alumnos se ven enfrentados fuera de clase. Asume que la participación en tareas de comunicación que requieran que los alumnos movilicen y orquesten el conocimiento y las capacidades de forma directa será, en sí misma, un catalizador para el aprendizaje de la lengua.

Uno de los presupuestos principales de este programa es que las tareas de aprendizaje utilizan y recurren a las mismas habilidades que subyacen en la propia comunicación. Por tanto, interpretar y expresar cómo funciona la comunicación en la nueva lengua, y negociar sobre ello, es decir, «comunicarse para aprender», es un factor fundamental del programa de tareas. El fundamento de este enfoque dual de utilizar habilidades para comunicar y utilizar las mismas habilidades para aprender es que ambos factores contribuyen a las capacidades globales del alumno como comunicador.

Parte de un análisis previo de necesidades de los alumnos que permita determinar los tipos de tareas que habrán de ser practicadas en clase. El desarrollo del programa sigue los siguientes pasos:

1) Utilizar la identificación de las necesidades del alumno para identificar las tareas finales.

2) Clasificar las tareas finales en tipos de tareas. Así, por ejemplo, en un curso de auxiliares de vuelo, el servir el desayuno, la comida, la cena y los aperitivos y refrescos, puede ser clasificado dentro de «servir comidas y bebidas».

3) De los tipos de tareas, derivar tareas pedagógicas. Las tareas pedagógicas son las que, de hecho, trabajarán en clase los profesores y los alumnos, si bien habrá una evolución progresiva de este tipo de tareas en virtud de la cual se irán aproximando a las tareas comunicativas que motivaron su inclusión en el programa.

4) Establecer la secuencia de las tareas pedagógicas para formar un programa de tareas. La secuencia del programa se establecerá en función de una serie de criterios derivados del análisis de las propias tareas.

5) Evaluar los resultados utilizando pruebas adecuadas al enfoque por tareas. La evaluación se basará en la capacidad que tenga el alumno para resolver la tarea, a partir de criterios previamente establecidos, y no en la capacidad para resolver aspectos gramaticales concretos.

A diferencia de los programas formales y funcionales, no toma las cuatro destrezas como la manifestación esencial de las capacidades de un usuario de la lengua, sino aquellas capacidades que subyacen en todo uso de la lengua y que se reflejan de un modo indirecto en las cuatro destrezas: la capacidad de interpretar el significado (de textos hablados o escritos), expresar significados (a través del habla o la escritura) y negociar los significados.

A partir del análisis de tareas reales que ejemplifican la comunicación, se seleccionan y agrupan para el programa aquellas que son más comunes en una determinada situación o más generalizables (tareas centrales de las que pueden derivar otras) o más relevantes en función del interés y las necesidades del alumno, o bien una combinación de estos criterios.

Observaciones

El programa parte de la idea de que la atención a los aspectos formales de la lengua puede tener efectos positivos en el aprendizaje, lo que no significa la vuelta a un tipo de programa de carácter sintético o a un método de enseñanza que considere sólo aspectos lingüísticos. Se trata, más bien, de un planteamiento que está a la vez centrado en los medios y en los fines y que supone, por tanto, un esfuerzo por relacionar el contenido (el eje convencional de un programa) con el modo en que el contenido puede ser practicado y, por ello, aprendido más eficientemente (convencionalmente, el terreno de la metodología).

Los propios autores reconocen que el modelo no está exento de problemas. La base de investigación sobre la que se sustenta, relacionada sobre todo con la teoría de la adquisición de lenguas y las aportaciones derivadas de las técnicas de observación de la clase, no constituye todavía un fundamento empírico suficientemente sólido. Los criterios de gradación y evaluación de las tareas adolecen, también, de suficiente experimentación en la práctica. Hay problemas con la delimitación de las tareas; así, los autores se preguntan cuántas sub-tareas pueden identificarse dentro de un tipo de tarea como «hacer la compra», e, incluso, si aquellas sub-tareas pueden, a su vez, dividirse en tareas menores. Por otra parte, el programa resultante de los pasos descritos anteriormente resulta demasiado estructurado, lo cual puede perjudicar el desarrollo de la autonomía de los alumnos (Long and Crookes 1992).

OTROS TIPOS DE PROGRAMAS

PROGRAMA PROPORCIONAL

El programa proporcional (*proportional syllabus*) ha sido desarrollado por Yalden (1983; 1987), quien lo define como un intento de incluir un número de componentes que puedan ser tratados de forma sistemática y no sistemática. Así, el componente lingüístico es tratado de forma sistemática en los estadios iniciales del programa y de forma no sistemática en los estadios más avanzados. El componente que proporciona continuidad es el *tema*, que constituye la estructura de una serie de unidades o módulos de enseñanza. El tema se elige de acuerdo con las necesidades y deseos de los alumnos y pueden usarse distintos temas a lo largo de un curso. Los temas pueden estar relacionados con una asignatura, por ejemplo, si se trata de un entorno educativo, o bien con un ámbito profesional o con intereses de carácter general. Distintos aspectos particulares y actividades proporcionan el enfoque y el contenido de cada una de las unidades o módulos. Este modelo de organización implica una metodología orientada hacia las tareas, pero dado que está presente un tema general, las tareas están a menudo envueltas en una simulación relacionada con el tema. En cada módulo las proporciones pueden variar para asegurar el equilibrio entre la corrección lingüística y la fluidez comunicativa (Yalden 1987).

PROGRAMA NEGOCIADO O AUTODIRIGIDO

El programa negociado o autodirigido (*negociated syllabus, self-directed learning*) ha sido desarrollado sobre todo por Holec (1980; 1981). Yalden describe el enfoque de este programa a partir de la diferenciación de papeles entre el lingüista, el alumno y el profesor (si bien una misma persona puede desempeñar los papeles de lingüista y de profesor). El lingüista y el alumno son los primeros actores y el profesor formaría parte del conjunto de recursos disponible. El lingüista prepara al alumno en la conducta que se espera de un buen alumno de lengua y luego tiene lugar un proceso de negociación con el alumno sobre el contenido de cada sesión de aprendizaje. En la relación entre el lingüista y el profesor, el lingüista mantiene el papel director, si bien comparte este papel con el alumno una vez que éste es capaz de asumirlo. (Para ampliar información, ver Holec 1980 y 1981; Yalden 1987).

PROGRAMA DE INMERSIÓN

El programa de inmersión (*subject-matter syllabus*) se centra en la enseñanza de una asignatura determinada a través de la nueva lengua. Este programa suele considerarse más desde la perspectiva de la experiencia educativa que desde la de los enfoques de enseñanza de segundas lenguas o lenguas extranjeras. Los programas de inmersión utilizan como medio de enseñanza una lengua diferente a la que los alumnos hablan en casa. El profesor enseña su asignatura de la forma habitual, generalmente con cierta simplificación de la lengua, ritmo más lento y uso de gestos. No se requiere metodología y materiales específicos para la enseñanza de la nueva lengua, ya que el programa tiene que ver con los procedimientos pedagógicos relacionados con la asignatura que se enseña. (Para ampliar información, ver Swain 1978; Yalden 1987).

PROGRAMA PROCEDIMENTAL

El programa procedimental (*procedural syllabus*), asociado con el Proyecto de Enseñanza Comunicativa Bangalore-Madras, fue desarrollado en la India por Prabhu, Ramani y otros entre 1979 y 1984. Puede considerarse una variante de los programas basados en tareas, por lo que comparte ciertos rasgos con los modelos 4 y 5. Rechaza la idea de programa entendido como preselección y distribución de elementos lingüísticos para una determinada lección o actividad. La base de cada lección está constituida por un problema o una tarea. Las tareas son siempre pedagógicas o de aprendizaje, es decir, no responden a un análisis de las necesidades comunicativas de los alumnos. El programa prescribe que las tareas deberán ser suficientemente motivadoras para mantener la atención de los alumnos, por lo que el énfasis debe ponerse en el significado. En la medida en que la atención se concentra en el significado, no hay corrección sistemática de los errores de los alumnos, aunque puede haber una reformulación posterior por parte del profesor. (Para ampliar información, ver Prahbu 1987; Long y Crookes 1992; Markee 1997).

VARIABLES EN LA SELECCIÓN DEL TIPO DE PROGRAMA

La selección del tipo de programa más adecuado a cada situación de enseñanza particular dependerá de factores de muy distinta naturaleza. Algunos de estos factores serán externos a la situación de enseñanza y otros estarán íntimamente ligados al mismo proceso de enseñanza y aprendizaje. De la mayoría de los factores podremos tener información antes del comienzo del curso, por cuanto constituyen el objeto del «análisis de medios» al que me he referido en el capítulo 2 al considerar las bases generales del enfoque del curso. Otros factores, como las expectativas e intereses de los alumnos, o sus variables individuales y estilos de aprendizaje, serán considerados sobre todo una vez que el curso esté en marcha, si bien podemos partir de una base previa general, como puede ser el conocimiento de los rasgos generales de la tradición educativa del entorno de enseñanza, lo que nos permitirá tomar decisiones iniciales que podremos ir modificando a lo largo del curso.

Ya he adelantado al principio del capítulo que los modelos que se presentan son sólo ejemplos de algunas de las tendencias más frecuentes en el campo del diseño de cursos. Con frecuencia se darán combinaciones de rasgos de dos o más modelos, incluso aunque respondan a enfoques diferentes. Así, por ejemplo, en el caso de los programas de enfoque sintético, Yalden (1983) plantea las siguientes combinaciones:

a) Un modelo en el que la enseñanza funcional se organiza en torno a un eje compuesto por una serie de unidades gramaticales (Brumfit 1980).

b) Un modelo en el que las funciones constituyen el eje de organización. A partir de este eje se van presentando las estructuras gramaticales.

c) Un modelo de enfoque variable, en el que se produce un cambio de énfasis de un aspecto a otro de la lengua a medida que el curso avanza (Allen 1983). En este modelo hay una evolución desde un eje estructural, centrado en las características formales de la lengua, hasta un eje centrado en el uso instrumental de la lengua.

d) Un modelo en el que aparecen entrelazados distintos componentes: las funciones, las estructuras, los temas, etc.

Dentro de los programas analíticos, los que se organizan en torno a las tareas —el de procesos, el basado en tareas y el procedimental— comparten rasgos que permiten concebir combinaciones que recojan aspectos de uno u otro modelo. Puede darse también la posibilidad de un curso de enfoque sintético y de corte nocio-funcionalista que incorpore en determinados momentos tareas y actividades orientadas por un enfoque analítico. Esto puede ocurrir en el caso de que el profesor programe un curso o siga un libro de texto nocio-funcional pero desee introducir tareas o actividades de vacío de información o de resolución de problemas que trasciendan la lógica de la organización de las funciones y sus realizaciones lingüísticas.

En cualquier caso, la selección del tipo de programa, o la elaboración de un tipo propio que sea combinación de aspectos de otros, habrá de tener en cuenta una serie de variables. Desarrollo brevemente a continuación algunas de las más significativas.

PAPEL DE LA LENGUA EN EL ENTORNO

El papel que desempeñe la nueva lengua en el entorno es una variable que afecta de lleno a las decisiones relativas al enfoque del programa. Las circunstancias condicionantes de enseñar, por ejemplo, español serán distintas en un entorno en el que esta lengua es lengua extranjera y en otro en el que es la lengua de comunicación habitual en el país. Las oportunidades de contacto con la lengua por parte de los alumnos serán cotidianas si el curso se desarrolla en un país hispanohablante y esporádicas en el caso de que el curso se desarrolle en un país no hispanohablante, lo que tendrá repercusión en aspectos como el ritmo de aprendizaje o las metas de los alumnos.

Esta variable tiene repercusiones en la selección del tipo de programa. En un entorno en el que la lengua que se enseña es lengua extranjera, dado que los materiales y recursos disponibles serán menos abundantes, y teniendo en cuenta que hay pocas oportunidades de contacto con la lengua, los programas que promuevan la comunicación en clase, como los programas basados en tareas, permitirán a los alumnos participar en interacciones y actividades que difícilmente podrán practicar fuera del aula.

POLÍTICA LINGÜÍSTICA

Si el curso se inscribe en un currículo que promueve una institución educativa las decisiones que se adopten en cualquier fase de desarrollo del curso vendrán condicionadas por las prescripciones del propio currículo en cuanto plan general de actuación pedagógica. Si se trata del currículo que recoge las intenciones pedagógicas de una autoridad central, como un ministerio de educación o un departamento con competencias en esta materia, se inscribirá en la política lingüística que regula la acción educativa del sistema escolar en cuanto a la enseñanza de las lenguas extranjeras. El propio currículo establecerá prescripciones más o menos detalladas sobre la forma de organizar la enseñanza y los materiales que deban utilizarse, en función de los fines educativos que se pretendan. Un programa de inmersión en la lengua puede ser, por ejemplo, promovido desde la autoridad central para facilitar una rápida y amplia difusión en los distintos niveles educativos.

En el caso del currículo del sistema educativo puede contarse con el factor de una cierta continuidad, que se corresponde con los años de escolarización. No obstante, ha de tenerse en cuenta que las metas de los alumnos con respecto a la nueva lengua son en este caso difusas y alejadas en el tiempo en la mayoría de los casos. En circunstancias de este tipo, Yalden (1987) sugiere que podría considerarse la posibilidad de aplicar un programa proporcional o un enfoque variable como el que he comentado más arriba en este mismo apartado. El factor de continuidad podría hacernos pensar también, como indica Yalden (*op. cit.*), en un programa natural, en la medida en que podrían plantearse metas acordes con el desarrollo de distintos estadios de aprendizaje. El programa natural requiere, no obstante, un análisis psicolingüístico sobre los estadios de progresión y unas condiciones ambientales para el aprendizaje que pueden chocar con las prescripciones del currículo escolar y las condiciones materiales en las que se desarrolla la enseñanza.

Si se trata de un currículo dirigido al público adulto, la selección del tipo de programa dependerá también de las prescripciones establecidas, si bien el factor de continuidad no estará garantizado. Si el currículo lo promueve una empresa que ofrece servicios a sus clientes y compromete su prestigio en el logro rápido de resultados, puede que la propia empresa suscriba un método, un programa y unos materiales que constituyen la imagen de marca de los servicios que se ofrecen y que los profesores deban aplicar a partir de unas pautas dadas. Yalden (op. cit.) sugiere que, si los objetivos del cliente que contrata el curso son muy concretos y el tiempo limitado, un programa de corte nocio-funcional podría resultar adecuado. Como veremos a continuación, los recursos pedagógicos disponibles pueden ser en este caso un factor determinante a la hora de inclinarse por un tipo u otro de programa.

MEDIOS Y RECURSOS DISPONIBLES

Las restricciones de los medios y recursos disponibles pueden ser consideradas por algunos profesores como una limitación y por otros como un reto. Como observa Graves (1996), los profesores pueden trabajar con o sin recursos físicos y materiales como libros, tecnología o determinado mobiliario. En algunos casos, la falta de recursos constituirá una importante limitación; en otros, puede estimular a los profesores a utilizar los materiales disponibles de forma creativa. El tiempo es otro factor que puede estar limitado y que afecta decisivamente al diseño de un curso. El tipo de actividades que proponga un profesor puede estar muy condicionado por el tiempo de que disponga, durante la clase o antes de la clase (Graves, *op. cit.*).

En las observaciones al programa de procesos, por ejemplo, he llamado la atención sobre las críticas que se hacen a este modelo por las condiciones que plantea en cuanto a la necesidad de un amplio banco de materiales a disposición de los profesores. Si este banco no existe, y si no hay trabajo de equipo que permita pensar en el desarrollo de un banco suficientemente dotado, es difícil abordar un tipo de programa que fomenta la negociación con los alumnos sobre la base de diferentes tipos de actividades y materiales disponibles. Aunque cabe el recurso al libro de texto y a materiales ya editados, puede que no satisfagan las necesidades derivadas del propio programa. Para un equipo de profesores, desarrollar un banco de materiales puede ser un reto y una labor estimulante, o puede, por el contrario, convertirse en un problema debido a la falta de tiempo disponible.

Una dificultad práctica de aplicar los programas basados en tareas es la falta de materiales editados que respondan a las necesidades de este enfoque y, en todo caso, son los propios profesores los que deberán ir componiendo las tareas y actividades que respondan a un análisis previo de las necesidades de los alumnos. Hemos visto que el modelo 5 de programa basado en tareas establece una serie de pasos para derivar tareas pedagógicas de las comunicativas previamente identificadas. No hay mucha investigación que oriente este tipo de trabajo, por lo que la inversión de tiempo que requiere desarrollar un programa de este tipo no siempre garantiza unos buenos resultados. En ocasiones los profesores se ven incapaces, por falta de tiempo o de confianza en sí mismos, para abordar esta labor; en otras ocasiones, la convicción de que un enfoque adecuado a las necesidades de los alumnos permitirá obtener resultados más satisfactorios es un estímulo para superar las dificultades.

TIPO DE ENSEÑANZA: GENERAL / DE FINES ESPECÍFICOS

Tradicionalmente se establece una diferencia entre un tipo de enseñanza de carácter general, enfocada al dominio general de la lengua, y la enseñanza de fines específicos, que persigue objetivos concretos en relación con intereses propios de los alumnos, derivados generalmente de sus necesidades profesionales. Cursos de fines específicos serían, por tanto, los cursos de negocios, o los destinados a controladores aéreos, por ejemplo. Puede considerarse, no obstante, que el desarrollo de determinadas destrezas propias del ámbito académico responde también a necesidades específicas de los alumnos, por lo que esta la idea de «fines específicos» puede ampliarse más allá del ámbito estrictamente profesional.

Los programas nocio-funcionales se desarrollaron en su origen como respuesta a necesidades específicas de los alumnos en determinados sectores de la actividad profesional, si bien ampliaron en seguida su enfoque hacia la enseñanza general de la lengua. Yalden (1987) sugiere que este tipo de programas podría ser adecuado para alumnos principiantes de cursos de fines específicos, mientras que un planteamiento como el del programa negociado podría responder a las necesidades de los alumnos avanzados de este mismo tipo de cursos. Hay que tener en cuenta que los cursos de fines específicos suelen responder a requerimientos de tiempo y de objetivos en ocasiones muy estrictos, pues generalmente pretenden alcanzar unos resultados en un corto plazo por exigencias de la empresa o por las necesidades de los alumnos en relación con un nuevo puesto. El objetivo principal de estos cursos es el acceso a un uso funcional de la lengua y al conocimiento de vocabulario especializado. No obstante, el enfoque de los cursos específicos suele tener siempre en cuenta la importancia de las relaciones sociales en la actividad profesional de cualquier tipo, lo que conlleva una atención especial a aspectos como las comidas de negocios, las visitas de representación, etc. Esto permitiría hacer pensar en la posibilidad de aplicar también, en este tipo de cursos, el programa proporcional o el programa variable.

CARACTERÍSTICAS DE LOS ALUMNOS

La edad de los alumnos, sus necesidades y expectativas, la tradición educativa de la que provienen, sus variables individuales y su estilo particular de aprendizaje son factores que deberán tenerse muy en cuenta a la hora de seleccionar el tipo de programa.

Desde la perspectiva de la enseñanza centrada en el alumno Nunan (1988a) señala las diferencias que se producen en el aprendizaje de los adultos con respecto a los niños. Los adultos están profundamente influidos por sus anteriores experiencias de aprendizaje, sus circunstancias presentes y sus proyectos de futuro, por lo que se muestran menos interesados en «aprender por aprender» que en aprender para alcanzar algún objetivo vital inmediato o no muy distante. Si trasladamos este planteamiento a la enseñanza de lenguas deberemos tener en cuenta que, en atención a las características del aprendizaje de los adultos, el tiempo de clase debe emplearse del modo más eficaz posible para enseñar aquellos aspectos de la lengua que los propios alumnos consideren más urgentes y necesarios, de manera que se mantenga en todo momento la necesaria motivación (Nunan, *op. cit.*). Para los adultos generalmente un curso de lengua es una inversión de tiempo y dinero y esperan resultados que permitan satisfacer sus objetivos. Incluso aunque el uso de la nueva lengua se vea como algo no inminente, otros intereses, como obtener un certificado de reconocimiento de un nivel de competencia en el idioma para fines de promoción profesional, pueden constituir un objetivo importante. La filosofía de la enseñanza centrada en el alumno parte precisamente del reconocimiento de la importancia de la participación de los alumnos en las decisiones relacionadas con el desarrollo del curso.

No siempre es fácil, sin embargo, la intervención de los alumnos en el sentido que pretende la enseñanza centrada en el alumno. Tanto en el caso de niños como en el de adultos, si la tradición educativa a la que pertenecen los alumnos responde a un modelo centrado en la autoridad del profesor, un enfoque del programa que otorgue a los alumnos un papel activo y una participación abierta en la toma de decisiones puede chocar con el sustrato educativo de los alumnos y provocar situaciones comprometidas. Esto no significa que el profesor deba renunciar a aquellos planteamientos que considere más eficaces desde el punto de vista pedagógico, pero deberá considerar las estrategias más adecuadas para lograr que el enfoque del programa pueda ser paulatinamente aceptado e incorporado por los alumnos. A este respecto, podría pensarse que los programas basados en tareas encontrarán previsiblemente más dificultades de desarrollo en los casos en los que el entorno educativo no fomente el papel activo en clase, el trabajo en grupo o la intervención espontánea de los alumnos. Las experiencias de los profesores no siempre corroboran, sin embargo, esta primera impresión. Como veremos en el próximo capítulo, la consideración de las variables individuales de los alumnos y de los rasgos que configuran sus estilos particulares de aprendizaje es determinante, más allá del sustrato educativo, a la hora de enfocar adecuadamente un programa.

FUNDAMENTOS TEÓRICOS Y CREENCIAS DE LOS PROFESORES

El currículo transmite unas intenciones educativas que reflejan determinadas posiciones teóricas y valores educativos. En el caso de la enseñanza de lenguas, el currículo reflejará la visión sobre la naturaleza de la lengua y su aprendizaje que responda al paradigma dominante en un momento determinado. Los responsables del currículo tendrán interés en que las actuaciones pedagógicas que se desarrollen en la aplicación del proyecto curricular respondan a la filosofía y a los valores pedagógicos que se pretenden potenciar. Deberá invertirse para ello el tiempo, el esfuerzo y los recursos necesarios para que los principios de la innovación pedagógica puedan ser adecuadamente recibidos e interpretados por todos los que intervienen en el desarrollo del currículo. La política de formación de los profesores y la provisión de materiales y orientaciones curriculares es, en este sentido, decisiva.

Más allá de las prescripciones del currículo, y a veces en confrontación con ellas, los profesores fundamentan con frecuencia su práctica docente en creencias, a veces fuertemente arraigadas, que derivan de valores pedagógicos asumidos, de máximas y principios a los que otorgan especial credibilidad, de materiales y libros de texto de autores a los que reconocen autoridad o de prácticas pedagógicas que les han dado buen resultado y que incorporan como rutinas. Un proyecto curricular que pretenda un objetivo de innovación pedagógica y que no abra puertas a la confluencia de los valores pedagógicos que pretende y los ya asumidos por los profesores encontrará serias dificultades a la hora de lograr sus objetivos. Si el currículo pretende, por ejemplo, el cambio de un programa de corte sintético a otro analítico deberá facilitar la formación adecuada y las pautas de actuación necesarias para que el cambio pueda producirse. En este sentido, la reflexión del profesor sobre la propia práctica docente y el convencimiento por sí mismo de las ventajas de uno u otro tipo de programa es, probablemente, el camino más eficaz. El currículo deberá favorecer las condiciones para que esta reflexión pueda producirse en las mejores condiciones. En este sentido sería útil promover la investigación empírica a cargo de los profesores orientada a la comparación de tipos de programas, con el objetivo de obtener información sobre qué programas funcionan mejor en cada circunstancia.

6
UN PROGRAMA CENTRADO EN EL ALUMNO

En años recientes, y sobre la base de las aportaciones de la teoría de la educación a la enseñanza de lenguas, se han venido haciendo esfuerzos por conciliar, desde la perspectiva del currículo, la aparente dicotomía entre contenidos y metodología. El enfoque humanista de la educación ha puesto el acento en la importancia de reconocer al alumno como centro y principal protagonista de las decisiones que hayan de adoptarse en cualquier proceso de enseñanza y aprendizaje. Considerar las necesidades, expectativas, capacidades, intereses y deseos del alumno, y llevarlo a la reflexión sobre las repercusiones de todo ello en su propio aprendizaje es, desde este punto de vista, el camino más adecuado para conseguir su implicación personal, mantener su motivación y favorecer la continuidad del estudio de la lengua de forma autónoma, en un proceso que se desarrolla como experiencia personal a lo largo de toda la vida.

En el proceso de enseñanza y aprendizaje desempeñan un papel determinante factores que tienen que ver con variables afectivas y cognitivas de los alumnos y con el papel que adopten en clase el profesor y los alumnos. La agenda del profesor habrá de incorporar, junto a la enseñanza de destrezas lingüísticas, el desarrollo en clase de destrezas que permitan a los alumnos aprender de modo más eficaz y descubrir sus formas preferidas de aprendizaje. Como adelanté en el capítulo 3, el análisis de necesidades objetivas y subjetivas, en distintos momentos del curso, puede ser un instrumento de extraordinaria eficacia a la hora de enfocar el programa desde una perspectiva que dé coherencia y pleno sentido a las decisiones relacionadas con los contenidos y con la metodología. Las necesidades objetivas, que incluyen datos factuales de la situación presente de los alumnos y la información necesaria sobre las lagunas o deficiencias observadas, nos permitirá centrar, ya al principio de curso, el alcance de los contenidos del programa. Las necesidades subjetivas, con el análisis de las variables individuales de los alumnos y sus estilos particulares de aprendizaje, nos irá dando la pauta, a lo largo del desarrollo del curso, de cuáles son las actividades y experiencias de aprendizaje más eficaces y nos permitirá, a partir de la negociación con los alumnos, orientar los objetivos y los contenidos del programa inicialmente establecidos y modificarlos si es necesario.

Aun a riesgo de simplificar mucho las cosas, podemos decir que el análisis de necesidades objetivas, que se refiere a las situaciones comunicativas en las que se encontrarán los alumnos, nos conduce a la especificación de los contenidos del programa, y que el análisis de necesidades subjetivas, derivado de los propios alumnos, nos permite tomar decisiones sobre la metodología. Conviene advertir, no obstante, que cabe también considerar una relación entre las necesidades subjetivas y los contenidos, en virtud de la cual los alumnos tienen la posibilidad de decidir lo que quieren aprender, y otra entre las necesidades objetivas y la metodología, que permitiría a los profesores decidir cómo se podrían enseñar mejor los contenidos del curso (Nunan 1988a).

NECESIDADES OBJETIVAS Y CONTENIDOS

En los enfoques tradicionales del diseño de cursos los contenidos del programa se seleccionan a partir del análisis lingüístico, que conduce a listas de *items* o elementos estructurales y léxicos cuya gradación se establece de acuerdo con criterios lingüísticos de complejidad y dificultad y estadísticas de frecuencia de léxico. Ya he comentado que el desarrollo de programas nociofuncionales representó, en el ámbito del diseño de cursos, más una apertura del enfoque que un cambio de paradigma. Aunque los programas de este tipo ponen más atención en los propósitos para los que se utiliza la lengua, están todavía más centrados en la propia lengua que en el alumno y la especificación de los contenidos es el resultado del análisis lingüístico más que de la investigación empírica sobre los usos que los alumnos dan a la lengua en diferentes situaciones de comunicación. Muchos cursos recientes empiezan con una lista de funciones y «encajan» los demás componentes alrededor de estas funciones. El problema es que esto da como resultado un programa que es poco más que una lista de elementos o *items* cuya gradación se ha establecido a partir de criterios intuitivos sobre simplicidad y complejidad de quien diseña el programa y de acuerdo con nociones poco precisas sobre aquello que parece ser de mayor utilidad para el alumno (Nunan, *op. cit.*). Este enfoque ha recibido el mismo tipo de críticas que se hacen contra los programas estructurales. Recientemente, los modelos que relacionan el diseño de programas con el análisis de las necesidades de los alumnos, en cuanto futuros usuarios de la lengua que aprenden, han puesto el acento en la consideración de los factores que intervienen en la situaciones de comunicación y en las habilidades y conocimientos que requiere el alumno para desenvolverse en ellas.

Desde una perspectiva de la enseñanza centrada en el alumno, Tudor (1996) considera que se puede enfocar la enseñanza comunicativa de la lengua desde el punto de vista de su función mediadora entre las intenciones comunicativas de los alumnos y las demandas de las situaciones en las que los alumnos necesitan utilizar la lengua. Dado que hay una enorme variedad tanto de posibles intenciones comunicativas como de situaciones en las que puede usarse la lengua, el análisis de necesidades desempeña un papel clave. El uso de este procedimiento es más evidente cuando se trata de identificar una serie más o menos concreta de situaciones comunicativas (guía turístico, controlador aéreo, etc). Pero incluso cuando las necesidades de los alumnos son menos específicas se requiere también una selección (ej: en el caso de que el curso ponga énfasis en la lengua escrita, deberá decidirse el tipo de texto: literario, periodístico, etc.; en el caso de un curso con énfasis en la comunicación oral, habrá que seleccionar las situaciones y el registro en cada caso). Según el criterio de Tudor (*op. cit.*), el análisis de necesidades incluiría la identificación de los siguientes aspectos:

- situaciones de uso (lugar, participantes y modo de interacción);
- objetivos funcionales (que se pretende lograr en estas situaciones);
- actividades comunicativas (que los alumnos necesitarán realizar para alcanzar sus objetivos);

- formas lingüísticas (mediante las que se realizarán las actividades);
- parámetros de actuación (que operan en las situaciones-meta).

Una vez identificados los elementos que han de ser objeto de análisis, el responsable del diseño del curso se enfrenta al problema de cómo recabar los datos necesarios. Cabe considerar dos caminos a este respecto:

- derivar la información del estudio de las características de las situaciones en las que se usará la lengua;
- obtener la información de los propios alumnos.

En el primer caso pueden seguirse distintos procedimientos para estudiar las situaciones-meta: Tudor (*op. cit.*) sugiere los siguientes: la observación de la conducta de hablantes nativos; el estudio de casos (observación cotidiana del alumno en el uso de la lengua en las situaciones-meta); la recogida de datos de las situaciones-meta (mediante audio, vídeo, materiales escritos); los informantes cualificados (empleados de instituciones educativas, personas implicadas en el ámbito de actividad de que se trate, profesores expertos, antiguos alumnos). Las dificultades que conllevan estos procedimientos hacen con frecuencia muy compleja la labor. Así, es evidente que la observación directa de hablantes nativos en situaciones de comunicación exige mucho tiempo y recursos. Puede conseguirse, por ejemplo, si se trata de definir las situaciones de uso de un camarero o en una oficina de correos, pero es mucho más complicado en el caso de una reunión de negocios. Los libros de texto pueden ser una buena fuente de información, pero no está claro si las formas que presentan las muestras de lengua derivan de la observación de las situaciones-meta o simplemente de las intuiciones del autor. En cuanto a los conocimientos especializados que se requieren para diseñar un curso de fines específicos, es difícil que el profesor sea competente en la materia de que se trate, salvo que coincida con un ámbito de su propia experiencia. Puede decirse que, en general, el acceso a las realizaciones lingüísticas se complica porque hay una gran falta de información detallada sobre las estructuras lingüísticas que se requieren para las diferentes situaciones de uso (Tudor, *op. cit.*).

El otro camino que podemos seguir para recabar los datos necesarios es extraer la información de los propios alumnos. Dado que los alumnos serán los usuarios de la lengua, son ellos los que, en última instancia, tienen algo significativo que decir sobre lo que necesitan aprender. Es preciso, por tanto, ayudar a los alumnos a que formulen sus necesidades de un modo que pueda ser trasladado a objetivos claros. En el capítulo 3 he presentado algunos procedimientos de análisis, como los cuestionarios o las entrevistas, que nos permitirán obtener información de los alumnos. En esta fase cabría considerar otros procedimientos de análisis, como la observación de los alumnos en clase por parte del profesor, los diarios de los alumnos o la autoevaluación. Las entrevistas y los cuestionarios nos ayudan a definir objetivos y contenidos al inicio del curso, mientras que la observación, los diarios o la autoevaluación, en cuanto instrumentos que aplicamos al análisis del proceso, nos permitirían contrastar en qué medida la selección inicial de los objetivos y contenidos responde a las necesidades de los alumnos o requiere una ampliación, reducción o reorientación.

Los datos que podamos obtener de los alumnos son importantes no sólo para definir las necesidades de comunicación de las situaciones-meta, sino también para identificar las lagunas de los alumnos, esto es, para desarrollar el análisis de las deficiencias o de la situación presente, al que me he referido en el capítulo 3 al comentar los tipos de análisis de necesidades que identifica West (1994). Como veíamos, este tipo de análisis considera las habilidades actuales del alumno en relación con las que necesitará para desenvolverse en las situaciones de comunicación que se hayan definido. Ya he apuntado que el análisis de las situaciones-meta y el de deficiencias son complementarios respecto a las necesidades objetivas de los alumnos. El análisis de las deficiencias o lagunas del alumno implicaría, básicamente, dos procesos:

- Establecer el orden de prioridad de las necesidades identificadas en el análisis de las situaciones-meta. En el caso de un grupo de alumnos que necesite leer artículos de una determinada especialidad académica y redactar informes relativos a distintos aspectos de esa misma especialidad, si se da la circunstancia de que los alumnos ya tienen suficientes habilidades de lectura, no merece la pena invertir tiempo y esfuerzo en practicar esta destreza, por lo que habrá que centrar el programa en la práctica de la escritura.

– Evaluar de forma detallada los conocimientos y las habilidades de los alumnos con respecto a la destreza o destrezas
que sean objeto del programa. Las pruebas de diagnóstico
o la autoevaluación de los alumnos pueden ser procedimientos útiles a la hora de seleccionar los contenidos y
las actividades relevantes.

NECESIDADES SUBJETIVAS Y METODOLOGÍA

Como he adelantado ya, las necesidades *subjetivas* comprenden las necesidades cognitivas y afectivas del alumno en la
situación de aprendizaje y derivan de la información que obte-
nemos sobre factores como la personalidad de los alumnos, su
confianza, sus actitudes, sus deseos y expectativas con respecto
al aprendizaje de la lengua, así como su estilo cognitivo y sus
estrategias de aprendizaje. Como observa Brindley (1989), parece que, si bien la mayoría de los profesores se encuentran
en disposición de diagnosticar las necesidades objetivas de los
alumnos mediante la combinación de datos personales e información sobre las pautas necesarias de interacción, la identificación sistemática de las necesidades subjetivas les resulta mucho
más complicada. Esto no es sorprendente, dada la compleja
naturaleza de las variables en cuestión, el grado todavía in-
cipiente de desarrollo de las técnicas de medición de las variables afectivas y la falta de información sobre las diferencias de
estilos de aprendizaje.

Es un hecho que el reconocimiento de la importancia de
las necesidades subjetivas de los alumnos implica una serie de
importantes cambios con respecto al enfoque tradicional en la
toma de decisiones relativas a la metodología. En este sentido,
Tudor (1996) destaca la necesidad de replantear la planificación
y aplicación de los procedimientos metodológicos en función de
las necesidades subjetivas de los alumnos, lo que conlleva una
especial complejidad.

Las necesidades subjetivas pueden interpretarse como aquellos factores de naturaleza psicosocial o cognitiva que influyen en
la forma en que los alumnos perciben el proceso de aprendizaje
e interactúan con él, y pueden verse desde dos perspectivas: las
diferencias individuales y el estilo de aprendizaje.

LAS DIFERENCIAS INDIVIDUALES

La importancia que tiene el estudio de las diferencias individuales a la hora de aprender una lengua extranjera es hoy ampliamente reconocida. Las características individuales que aportan los alumnos al proceso de aprendizaje afectan de forma decisiva tanto a la forma en que aprenden como a los resultados del propio aprendizaje. Algunos ejemplos de estas características, que conllevan diferencias individuales, son fácilmente reconocibles, como la edad, la personalidad, la aptitud, la inteligencia y la motivación, que se consideran características que influyen en el éxito a la hora de aprender una nueva lengua. Otros no resultan tan evidentes, si bien su importancia es también decisiva en el proceso de aprendizaje: los estilos y las estrategias cognitivas, la ansiedad, la autoestima y la disposición a correr riesgos.

Los especialistas reconocen que, a pesar de los avances de los últimos años en el estudio de la dimensión afectiva en la enseñanza de lenguas, no resulta fácil identificar estos factores y determinar cómo influyen en el proceso de aprendizaje. Como observan Williams y Burden (1997; traducción al español 1999, pág. 98):

> ... diríamos que hay varios problemas relacionados con el enfoque que se ha adoptado habitualmente para trabajar en este campo [el de las diferencias individuales] y que tienen que ver con la selección que de las características del alumno concreto se ha hecho para el trabajo de investigación, la medida de esas características y la aplicación práctica vigente de dichas medidas. Uno de los problemas principales es que la investigación a menudo tiene poco valor práctico para los profesores y otros profesionales. Más que proporcionar ideas sobre las diferencias que hay entre los alumnos y sobre la mejor manera de ayudarlos, la misma índole de la investigación y, en concreto, el enfoque adoptado en la medición, de alguna manera ha perdido de vista al individuo.

Las diferencias individuales ejercen una influencia en el modo en el que los alumnos reaccionan a aspectos del estudio de la lengua y conforman sus preferencias con respecto a la naturaleza y la organización de las actividades de aprendizaje. Cabe distinguir dos tipos:

– Variables *psicosociales*: se refieren a las reacciones psicológicas y afectivas de los alumnos ante aspectos interpersonales del estudio de la lengua: ansiedad; confianza en uno mismo; autoestima. Los estudios sobre los efectos negativos de la *ansiedad*, por ejemplo, en el aprendizaje de la lengua extranjera han revelado que en los primeros estadios de aprendizaje este factor no es significativo, porque las experiencias negativas no constituyen todavía un afecto negativo; sin embargo, en estadios posteriores puede observarse una relación entre la ansiedad y las actuaciones del alumno (Gardner y MacIntyre 1992). Por otra parte, el proceso de aprendizaje de la lengua puede afectar negativamente a la *autoestima* del alumno, que puede sentir una pérdida de eficacia en su modo habitual de expresarse, o bien una pérdida de su prestigio social (Tudor 1996).

— Variables *cognitivas*: tienen que ver con el modo en que los alumnos organizan su experiencia del mundo en relación con el aprendizaje de la lengua y cómo prefieren aprender: tolerancia a la ambigüedad; toma de riesgos; estilo cognitivo. Tanto la *tolerancia a la ambigüedad* como la *toma de riesgos* influyen en las reacciones de los alumnos ante las incertidumbres inherentes al aprendizaje de la nueva lengua, por lo que pueden considerarse estrechamente vinculados. La tolerancia a la ambigüedad supone la capacidad de aceptar situaciones confusas. En cuanto a la capacidad del alumno para asumir riesgos, podría pensarse que un rechazo de la toma de riesgos puede limitar la exploración de la lengua por parte de los alumnos y llevarlos a evitar oportunidades de aprendizaje potencialmente productivas. El e*stilo cognitivo* se refiere a la forma habitual que tiene el alumno de procesar la información y, en sentido general, de organizar sus percepciones del entorno y su interacción con él. Comprende una serie compleja de procesos. Las diferencias entre unos individuos y otros pueden situarse a lo largo de escalas como las siguientes (Tudor, *op. cit.*):

simultáneo/sintético – secuencial/sucesivo
impulsivo/global – analítico/reflexivo
holístico – analítico

Otro eje puede ser el dominio del hemisferio izquierdo (procesamiento de información lógico, analítico, lineal)/hemisferio derecho (procesamiento sintético, holístico, imaginativo). Los individuos con dominio del hemisferio izquierdo son mejores en tareas como producir palabras separadas, desarrollar secuencias de operaciones, clasificar y etiquetar aspectos concretos, etc. Los individuos con dominio del derecho son mejores en el manejo de la lengua como un todo, mayor sensibilidad a reacciones emocionales, metáforas, experiencias artísticas, etc.

Hay que decir que los resultados obtenidos hasta la fecha en el análisis de estas variables nos obliga a aportar una nota de cautela con respecto a la eficacia de las técnicas y las pruebas concretas que se utilizan. Como observan Williams y Burden (1997), las pruebas normalizadas suelen dar como resultado una curva de distribución normal en la que la mayoría de las personas obtendrá puntuaciones cercanas a la mediana, mientras que un porcentaje muy pequeño (2 o 3%) se situará a una distancia considerable, hacia arriba o hacia abajo, de la mediana, lo que lleva a concluir que las pruebas nos dicen muy poco respecto a la mayoría de los individuos y, por tanto, ofrecen poca información a los profesores respecto a lo que tienen que hacer en sus aulas con los alumnos considerados individualmente. Por ello, a la hora de considerar las variables individuales de los alumnos desde la perspectiva del aprendizaje de la lengua, Williams y Burden proponen un enfoque constructivista, dado que cada alumno contribuye con un conjunto diferente de conocimientos y de experiencias al proceso de aprendizaje y «construye» de forma diferente el sentido que da a la situación a la que se enfrenta. La comprensión que un individuo tiene del mundo se ve modificada constantemente conforme adapta los conocimientos existentes a la nueva información (Williams y Burden, *op. cit.*). El profesor, en vez de preguntarse en qué difieren los alumnos entre sí y cómo puede medir tales diferencias, podría encontrar más útil plantearse preguntas como las siguientes (*op. cit.*, pág. 104):

> ...¿de qué forma se perciben los alumnos como estudiantes de idiomas?, ¿cómo afectan estos «constructos personales» al proceso de aprendizaje de un idioma?, ¿cómo se las arreglan los individuos para dar sentido a su aprendizaje? y ¿de qué manera podemos contribuir como profesores a que los alumnos den un sentido personal a su aprendizaje?

EL ESTILO DE APRENDIZAJE

Dada la dificultad que supone la medición de las distintas variables individuales, y teniendo en cuenta que no sería productivo construir un enfoque pedagógico en torno a cada una de ellas, aunque todas tengan su importancia y deban tenerse siempre en cuenta, los investigadores se han preocupado por encontrar una herramienta sencilla que permita captar el grado de implicación psicosocial y cognitiva de los alumnos en el estudio de la lengua. Con este objetivo se desarrolla el constructo de «estilo de aprendizaje», que comprende distintas conductas que sirven como indicadores de cómo una persona aprende del entorno y se relaciona con él. El estilo de aprendizaje puede considerarse como un modelo consistente de conducta pero con un cierto componente de variabilidad individual. En este sentido, los distintos estilos son modelos globales que dan una dirección general a la conducta de aprendizaje. Willing (1988; en Oxford y Ehrman 1993, pág. 52) define el estilo de aprendizaje como «...una serie de características que permiten agrupar a las personas en tipos o que sitúan a un individuo en un punto a lo largo de una escala descriptiva... El estilo de aprendizaje es más concreto que el estilo cognitivo en la medida en que contempla directamente la totalidad del funcionamiento psicológico en cuanto afecta al aprendizaje».

Además de los factores psicosociales y cognitivos ya considerados, el estilo de aprendizaje incluye una variable de preferencia de tipo sensorial: visual, auditiva y táctil. La combinación de estas series de variables (características psicosociales, cognitivas y sensoriales de un individuo) conllevan una serie de modos preferidos de conducta que pueden describirse como el estilo individual de aprendizaje. El principal objetivo de la investigación en torno al estilo de aprendizaje es ayudar a los profesores a que sean capaces de captar las conductas de aprendizaje de los alumnos a partir de un número finito de polos de diferencias, de manera que puedan responder a las necesidades subjetivas de los alumnos de un modo fundamentado (Tudor, *op. cit.*).

En el anejo 1 de este capítulo se reproduce un cuestionario sobre preferencias de estilo de aprendizaje, que permite identificar la forma en que los alumnos aprenden mejor. El cuestionario establece seis diferentes categorías de estilos: visuales, auditivos, táctiles, sociales, cinestésicos e individuales. Cada uno de estos tipos podría caracterizarse del siguiente modo (Richards y Lockhart 1994; traducción al español 1998, pág. 68):

a. **Visuales**. Reaccionan ante las nuevas informaciones de manera visual y prefieren representar sus experiencias de manera visual, pictórica y gráfica. Se benefician mucho de la lectura y aprenden bien viendo palabras en libros, cuadernos de trabajo y en la pizarra. A menudo, pueden aprender por sí solos con libros y toman notas de las explicaciones para recordar las nuevas informaciones.

b. **Auditivos**. Estas personas aprenden mejor de las explicaciones orales y de escuchar palabras. Les beneficia escuchar cintas, enseñar a otros alumnos y conversar con sus compañeros y profesores.

c. **Cinestésicos**. Estas personas aprenden más cuando se implican físicamente en la experiencia. Recuerdan la nueva información cuando participan activamente en actividades, excursiones o juegos de roles.

d. **Táctiles**. Estas personas aprenden mejor cuando efectúan actividades «manuales». Les gusta manipular materiales, construir, arreglar o fabricar cosas o ensamblarlas.

e. **Sociales**. A estas personas les gusta la relación de grupo y aprenden mejor cuando trabajan con otros en clase. La interacción de grupo les ayuda a aprender y a comprender mejor el material nuevo.

f. **Individuales**. Estas personas prefieren trabajar solas. Pueden aprender nueva información por sí mismas y la recuerdan mejor si la han aprendido solos.

Desde el enfoque constructivista, Williams y Burden concluyen que, para que el profesor de idiomas comprenda al individuo, se requiere de algo más que el conocimiento de las diferencias entre los alumnos respecto a ciertos rasgos fijos de habilidad. El profesor deberá comprender que cada uno tiene una perspectiva peculiar respecto al mundo y su posición en el mismo (*op. cit.*, pág. 116):

Cada uno de nosotros enfocará las tareas de aprendizaje de idiomas de forma diferente como resultado de estas perspectivas individuales. Por eso, el profesor debe buscar formas que ayuden a los alumnos a controlar su aprendizaje, a crear un nivel de autoestima adecuadamente positivo, a darse cuenta de lo que controlan respecto a lo que les ocurre en su vida y, por tanto, a considerar sus éxitos y sus fracasos como inestables y controlables. Al capacitarlos de esta manera, podemos ayudar a los alumnos a que lleguen a ser verdaderamente autónomos.

La labor del profesor en relación con los estilos de aprendizaje de sus alumnos consiste, por tanto, en gran medida, en el desarrollo de actitudes individuales y de grupo que permitan crear en clase un clima propicio para el aprendizaje. Esto no es tarea fácil. El profesor advertirá que en un mismo grupo de alumnos se decanta una diversidad de estilos de aprendizaje, que responden a uno o varios de los tipos que especifican Richards y Lockhart. Incluso un mismo alumno puede tener rasgos de dos o más tipos. ¿Cómo puede el profesor responder a las necesidades subjetivas del grupo, una vez identificadas? Con otras palabras, ¿cómo puede el profesor proveer la metodología adecuada a los estilos de aprendizaje de sus alumnos? Tudor (*op. cit.*) propone dos caminos: uno sería seleccionar procedimientos metodológicos que coincidan con las preferencias de los alumnos; otro, enfrentar a los alumnos a formas de trabajo y de estudio que difieran de sus preferencias y estilos, con idea de ampliar la conciencia de los alumnos sobre las opciones de aprendizaje y contribuir a que abran su mente y sus modos de hacer a posibilidades nuevas.

La aplicación práctica de este planteamiento requiere por parte del profesor una gran dosis de flexibilidad y sentido práctico. Habrá actividades, ejercicios o materiales que sean estimulantes y satisfactorios para algunos miembros del grupo, pero que no encajen en el estilo o estilos de otros. El profesor deberá llevar al ánimo del grupo el interés de un enfoque en el que tiene sentido enfrentarse a procedimientos metodológicos que no respondan a las características, preferencias o estilos de determinados alumnos en un momento dado, si bien en otro momento estos mismos alumnos podrán practicar actividades más afines con su línea de aprendizaje. Se impone, en este caso, una vez más, la negociación y la consulta en clase como forma de trabajo y como enfoque principal de las decisiones que se vayan adoptando a lo largo del desarrollo del curso.

ANEJO 1

CUESTIONARIO SOBRE PREFERENCIAS DE ESTILO DE APRENDIZAJE PERCEPTIVO

Nombre _____ Alumno n.º _____ Edad _____

País de origen _____ Lengua materna _____

Hombre _____ Mujer _____ Años estudiando inglés _____

Instrucciones: Las personas aprenden de formas muy distintas. Por ejemplo, algunas aprenden sobre todo con sus ojos (visuales) o con sus oídos (auditivos); algunas personas prefieren aprender exponiéndose a experiencias con tareas de «hacer» algo con las manos (cinestéticos o táctiles); algunas personas aprenden más cuando trabajan solas, mientras que otras prefieren trabajar en grupo.

Este cuestionario ha sido disñado para ayudarte a identificar la(s) forma(s) en que aprendes mejor, la(s) forma(s) que prefieres para aprender.

Lee las frases de la página siguiente, una a una. Respóndelas APLICÁNDOLAS A TU ESTUDIO DEL INGLÉS. Decide si estás de acuerdo o en desacuerdo con cada una. Por ejemplo, si estás uy de acuerdo, señala:

MUY DE ACUERDO
DE ACUERDO
INDECISO
EN DESACUERDO
MUY EN DESACUERDO

Por favor, responde a cada frase de prisa, sin pensarlas mucho. Trata de no cambiar las respuestas después de haberlas decidido. Utiliza un bolígrafo para señalar tus preferencias.

Reproducido del Prof. Joy Reid de la Universidad de Wyoming, en Richards y Lockhart (1998): *Estrategias de reflexión sobre la enseñanza de idiomas*. Cambridge, Cambridge University Press.

Columnas: MUY DE ACUERDO / DE ACUERDO / INDECISO / EN DESACUERDO / MUY EN DESACUERDO (MA A I D MD)

1. Cuando el profesor me da las instrucciones, las comprendo mejor.
2. Prefiero aprender haciendo algo
3. Trabajo más cuando trabajo con los demás.
4. Aprendo más cuando estudio en grupo.
5. En clase, aprendo mejor cuando trabajo con los demás.

MA A I D MD

6. Aprendo mejor viendo lo que el profesor escribe en la pizarra.
7. Cuando alguien me pide que haga algo en clase, aprendo mejor.
8. Cuando hago cosas en clase, aprendo mejor.
9. Me acuerdo más de las cosas que he oído en clase que de las que he leído.
10. Cuando leo las instrucciones, las recuerdo mejor.

MA A I D MD

11. Aprendo más cuando me ponen un ejemplo.
12. Comprendo mejor las instrucciones cuando las leo.
13. Cuando estudio solo, me acuerdo mejor de las cosas.
14. Aprendo mejor cuando hago algo para un proyecto de clase.
15. Me encanta aprender haciendo experimentos.

MA A I D MD

16. Aprendo mejor cuando hago dibujos mientras estudio.
17. Aprendo mejor cuando el profesor explica la teoría.
18. Cuando trabajo sólo, aprendo mejor.
19. Comprendo mejor las cosas en clase cuando participo en juegos de roles.
20. Aprendo mejor en clase cuando escucho a alguien.

MA A I D MD

21. Me encanta trabajar en una actividad con dos o tres compañeros.
22. Cuando construyo algo, me acuerdo mejor de lo que he aprendido.
23. Prefiero estudiar con otras personas.
24. Aprendo mejor leyendo que escuchando a alguien.
25. Me encanta hacer algo para un proyecto de clase.

MA A I D MD

26. Aprendo mejor en clase cuando puedo participar en actividades relacionadas.
27. En clase, aprendo mejor cuando trabajo solo.
28. Prefiero trabajar yo solo en proyectos.
29. Aprendo mejor leyendo el libro de texto que escuchando las explicaciones del profesor.
30. Prefiero trabajar yo solo.

Instrucciones

En este cuestionario hay 5 preguntas por cada estilo de aprendizaje. Las cuestiones se hallan agrupadas por estilos de aprendizaje en la parte inferior de la página. Cada pregunta que se contesta tiene un valor numérico:

MA	A	I	D	MD
5	4	3	2	1

Rellene los casilleros de cada grupo con el valor numérico de cada respuesta. Por ejemlo, si ha contestado «Muy de acuerdo» (MA) en la pregunta 6 (una pregunta visual), escriba un 5 (MA) en el casillero de la pregunta 6.

Siga este proceso en todas las categorías. Cuando haya terminado, mire a la escala situada en la parte inferior de la página; le ayudará a determinar su(s) estilos(s) predominante(s) de aprendizaje, aquel(los) estilo(s) menos utilizados y aquel(los) estilo(s) que no cuentan. Si necesita ayuda, pídasela al profesor.

VISUAL

6 - ....
10 - ....
12 - ....
24 - ....
29 - ....
TOTAL .... x 2 = ... (Puntuación)

TÁCTIL

11 - ....
14 - ....
16 - ....
22 - ....
25 - ....
TOTAL ....x 2 = ... (Puntuación)

AUDITIVO

1 - ....
7 - ....
9 - ....
17 - ....
20 - ....
TOTAL .... x 2 = ... (Puntuación)

SOCIAL

3 - ....
4 - ....
5 - ....
21 - ....
23 - ....
TOTAL .... x 2 = ... (Puntuación)

CINESTÉTICO

2 - ....
8 - ....
15 - ....
19 - ....
26 - ....
TOTAL .... x 2 = ... (Puntuación)

INDIVIDUAL

13 - ....
18 - ....
27 - ....
28 - ....
30 - ....
TOTAL .... x 2 = ... (Puntuación)

Estilo predominante de aprendizaje   36-50
Estilo menos utilizado   25-37
Estilo que no cuenta   0-24

EJERCICIOS Y REFLEXIONES

CAPÍTULO 2

1. Piense en un curso concreto que haya dado recientemente (o que tenga previsto dar) y conteste a las preguntas de las páginas 21 y 22. ¿En qué medida son coherentes las decisiones que adoptó (o que piensa adoptar) en los diferentes apartados que se plantean? ¿Qué visión sobre la naturaleza de la lengua y su aprendizaje revelan las decisiones adoptadas?

2. ¿Ha llevado a cabo alguna vez algún tipo de análisis de los factores del entorno o de los factores relacionados con la situación de enseñanza? En caso afirmativo, ¿qué procedimientos utilizó para recabar la información necesaria (encuestas, entrevistas, cuestionarios u otros)? Piense en uno o varios factores que no haya analizado y diseñe un procedimiento adecuado para el análisis. Considere de qué modo podría aprovechar la información que obtenga para orientar mejor el diseño del curso.

CAPÍTULO 3

1. Al tratar las necesidades objetivas se alude en el texto a los siguientes aspectos:

   – condiciones sociales, culturales y educativas de los alumnos (país de procedencia, nivel de estudios, profesión, edad, idiomas, etc.).

   – nivel de competencia en la nueva lengua (habilidades comunicativas, capacidad de desenvolverse en las distintas destrezas).

– necesidades de uso de la lengua y objetivos de comunicación en el ámbito personal, profesional o académico.

¿Hay otros aspectos que podrían considerarse? ¿Cuáles? A partir de los aspectos identificados, elabore los siguientes instrumentos de análisis:

a) un cuestionario dirigido a los alumnos.

b) una entrevista pautada, también dirigida a los alumnos.

c) una guía o serie de consejos para que los profesores puedan obtener información en clase mediante el diálogo y la negociación con los alumnos.

2. A la hora de emprender un curso, ¿define usted los objetivos que pretende alcanzar? En términos más generales, ¿sobre qué bases estructura el curso?:

– el currículo del centro o las directrices pedagógicas establecidas.
– un análisis de las necesidades de los alumnos.
– los contenidos del curso (listas de aspectos gramaticales o de funciones relacionadas con destrezas lingüísticas, por ejemplo).
– las actitudes y valores que desea fomentar en sus alumnos.
– los tipos de conducta que los alumnos serán capaces de realizar como resultado de la enseñanza.
– las actividades o las tareas que se desarrollarán en clase, especificando los resultados que pueden obtenerse.
– las actividades o las tareas que se desarrollarán en clase, sin especificar resultados.
– los materiales que se trabajarán en cada sesión.
– las unidades del libro de texto que se irán practicando.

¿De qué modo cree que podrían combinarse o articularse los distintos enfoques que se recogen en la lista?

CAPÍTULO 4

1. ¿Cree que su estilo de enseñanza se orienta más hacia un enfoque basado en los contenidos o en la metodología? ¿En que hechos podría fundamentar su respuesta? Intercambie

observación de clases con algún colega y contraste con él si sus respectivas percepciones sobre el estilo de enseñanza del otro coinciden con lo que cada uno piensa de su propia enseñanza.

2. Examine los materiales didácticos y el libro de texto que utiliza habitualmente. ¿Responden a un enfoque basado en los contenidos o basado en la metodología? ¿Son coherentes con su estilo de enseñanza?

3. De las descripciones de contenidos que hace Graves en la página 52, ¿hay alguna que coincida con el tipo de programa de curso que prepara usted habitualmente? ¿Hay varias? ¿Qué aspectos están presentes habitualmente en su programa de curso? ¿Echa de menos algún aspecto?

CAPÍTULO 5

1. Repase las características de los diferentes tipos de programas y considere los siguientes supuestos:

   a) Una compañía japonesa financia un curso de español para veinte empleados, que serán destinados a países de habla hispana como representantes comerciales. El curso va a desarrollarse en la ciudad de Buenos Aires durante el mes de mayo. El objetivo general de los alumnos es llegar a alcanzar un nivel aceptable de competencia oral en español al finalizar el curso. La mayoría de los alumnos ha realizado ya dos cursos de español en Japón, de 60 horas cada uno. En general, los alumnos son capaces de comunicarse mediante un español no fluido.

   b) Un centro docente radicado en Edimburgo prepara a alumnos universitarios de especialidades humanísticas que tienen previsto ir a España para realizar estudios en la universidad de Madrid. Los alumnos han realizado dos cursos de español en la enseñanza secundaria y otros dos en la universidad. Su nivel de comprensión de lectura es bastante bueno y son capaces de leer textos en español, con algunas dificultades, tanto para el disfrute personal como por exigencias académicas. Pueden comunicarse de forma aceptable en situaciones corrientes, pero no tienen experiencias previas de estancias en España, salvo alguna visita breve y ocasional.

c) Un centro docente de Munich ofrece cursos de español a adultos de distintas edades que quieren apredender español para desenvolverse en situaciones corrientes de comunicación. Una mayoría del grupo pasa habitualmente sus vacaciones en España. El nivel de preparación de los alumnos es muy variado, aunque todos tienen algunos conocimientos de español. En general, tienen dificultades de comprensión y se expresan con dificultad.

Si fuera usted jefe de estudios o responsable académico de los distintos centros docentes de estos supuestos, y teniendo en cuenta las variables que se describen en el texto para la selección del tipo de programa, ¿cuál de los tipos descritos cree que respondería mejor a cada uno de los supuestos? Contraste su opinión con la de otros colegas.

2. En su experiencia docente, ¿ha dado clases siguiendo alguno, o más de uno, de los tipos de programas que se describen en el texto? ¿Cuáles eran las variables que concurrían en cada caso? ¿Fue satisfactoria la experiencia? Responda a las mismas preguntas desde su situación de alumno de una lengua extranjera.

CAPÍTULO 6

1. A la hora de obtener información sobre las características de las situaciones en las que se usará la lengua pueden seguirse distintos procedimientos:

   - Observación de la conducta de hablantes nativos.
   - Estudio de casos (observación cotidiana del alumno en el uso de la lengua extranjera en las situaciones-meta).
   - Recogida de datos de las situaciones-meta (mediante audio, vídeo, materiales escritos).
   - Informantes cualificados (empleados de instituciones educativas, personas implicadas en el ámbito de actividad de que se trate, profesores expertos, antiguos alumnos).
   - Libros de texto que recojan situaciones similares.

¿Cuáles de estos procedimientos ha utilizado en su experiencia docente? ¿Qué dificultades o problemas plantea cada uno de ellos, y qué ventajas?

Una alternativa es obtener la información de los propios alumnos. Para ello pueden usarse distintos procedimientos como, por ejemplo, los siguientes:

- Cuestionarios o entrevistas.
- Pruebas o tests.
- Análisis de necesidades participativo (debate en grupo o con el profesor).

¿Cuáles de estos procedimientos ha utilizado en su experiencia docente? ¿Qué dificultades o problemas plantea cada uno de ellos, y qué ventajas?

2. Pase a sus alumnos el cuestionario que se recoge en el anejo sobre los diferentes estilos de aprendizaje. Considere diferentes tipos de actividades como, por ejemplo, las siguientes:

- añadir, suprimir, sustituir, reordenar o combinar determinados elementos de la lengua.
- juegos, canciones, actividades físicas, puzzles.
- compartir y contar cosas en clase, obtener información fuera de clase, entrevistas en parejas o a otras personas.
- improvisaciones; juegos de roles; representar una obra; contar una historia.
- dialogar con otros a partir de una información incompleta; intercambiar opiniones; plantear una solución personal a una situación difícil.
- hacer, construir o crear algo concreto que se refiera al contenido temático del curso de lengua.
- discusiones en pequeños grupo sobre asuntos relacionados con un tema concreto, o bien políticos o locales.
- a partir de un estímulo de lengua, transferir información del texto a un gráfico (por ejemplo, un plano); cumplimentar formularios.

¿Qué tipo de actividades responderían mejor a cada uno de los estilos de aprendizaje identificados? ¿Cuáles serían claramente contrarias a cada uno de los estilos? Piense en un curso concreto que haya dado o que tenga previsto dar. ¿Qué cree que sería más eficaz: plantear actividades coincidentes con los diferentes estilos, o actividades diferentes que supongan un reto de aprendizaje para los alumnos?

BIBLIOGRAFÍA

ALATIS, J. E. (ed.) (1978), *International Dimensions of Bilingualism*, Georgetown Round Table on Languages and Linguistics, Washington D.C., Georgetown University Press.

ALLEN, J.P.B. (1983), «A three-level curriculum model for second language education», *Canadian Modern Language Review*, 40.

ALTMAN, H., y C. JAMES (eds.) (1980), *Foreign Language Teaching: Meeting Individual Needs*, Oxford, Pergamon Press.

BREEN, M. P. (1984), *Process syllabuses for the language classroom*, en C.J. BRUMFIT (ed.), 1984.

— (1987), «Contemporary Paradigms in Syllabus Design». *Language Teaching*, 20 (2 y 3).

— (1990), «Paradigmas actuales en el diseño de programas», *Comunicación, Lenguaje y Educación*, 7 y 8.

BREEN, M. P. y C. N. CANDLIN (1980), «The essentials of a communicative curriculum in language teaching», *Applied Linguistics* 1, 2.

BRINDLEY, G. (1989), *The role of needs analysis in adult ESL programme design*, en R. K. Johnson, 1989.

BROWN, J. D. (1989), *Language program evaluation: a synthesis of existing possibilities*, en R. K. Johnson, 1989.

BRUMFIT, C. J. (1980), «From defining to designing: communicative specifications versus communicative methodology in foreign language teaching», *Studies in Language Acquisition*, 3, 1.

— (ed.) (1984), *General English Syllabus Design*, Oxford, Pergamon Press.

CANALE, M. y M. SWAIN (1980), «Theoretical Bases of Communicative Approaches to Second Language Teaching and Testing», *Applied Linguistics*, 1, 1.

CANDLIN, C. N. (1987), *Toward Task-based language learning*, en C. N. Candlin y D. F. Murphy, 1987.

CANDLIN, C. N. y MURPHY (eds.) (1987), *Language learning tasks*. Lancaster Practical Papers in English Language Education 7, Hemel Hemstead, Prentice Hall.

CROOKES, G, y S. M. GASS (eds.) (1993), *Task in a pedagogical context: Integrating theory and practice*, Clevedon, Avon, Multilingual Matters.

DUBIN, F. y E. OLSHTAIN (1986), *Course Design. Developing Programs and Materials for Language Learning*, Cambridge, Cambridge University Press.

GARCÍA SANTA-CECILIA, A. (1995), *El currículo de español como lengua extranjera*, Madrid, Edelsa.
— (1999), *El diseño curricular del Instituto Cervantes y la enseñanza mediante tareas*, en J. Zanón, 1999.
GARDNER, R. C. y P. D. MACINTYRE (1992), «A student's contributions to second-language learning». Part I and II, *Language Teaching*, 25,4 y 26,1.
GRAVES, K. (1996), *Teachers as Course Developers*, Cambridge, Cambridge University Press.
GRONDLUND, N. E. (1981), *Measurement and Evaluation in Education*, Nueva York, Macmillan.
— (1978), *Language as a Social Semiotic*, Londres, Edward Arnold.
HOLEC, H. (1980), «Learner needs: meeting needs in self-directed learning», en Altman y James, 1980.
— (1981), *Authonomy & Foreign Language Learning*, Oxford, Pergamon Press.
HUTCHINSON, T. y A. WATERS (1987), *English for Specific Purposes: A Learning-Centered Approach*, Cambridge, Cambridge University Press.
JOHNSON, R. K. (ed.) (1989), *The Second Language Curriculum*, Cambridge, Cambridge University Press.
KRASHEN, S. D. (1981), *Second Language Acquisition and Second Language Learning*, Oxford, Pergamon Press.
— (1982), *Principles and Practice in Second Language Acquisition*, Oxford, Pergamon Press.
— (1985), *The Input Hypothesis: Issues and implications*, Nueva York, Longman.
KRASHEN, S. D. y T. D. TERRELL (1983), *The Natural Approach to Language Learning*, Oxford, Pergamon Press.
LONG, M. H. y G. CROOKES (1992), «Three Approaches to Task-Based Syllabus Design», *TESOL Quarterly* 26, 1.
— (1993), «Units of analysis in syllabus design: The case of task», en G. Crookes y S. M. Gass.
— (1975), *Preparing Instructional Objectives*, Palo Alto, Fearon Publishers.
MARKEE, N. (1997), *Managing Curricular Innovation*, Cambridge, Cambridge University Press.
McLAUGHLIN, B. (1978), «Algunas consideraciones metodológicas sobre el modelo del monitor», en J. Muñoz Liceras (comp.), 1992.
MUÑOZ LICERAS, J. (comp.) (1992), *La adquisición de las lenguas extranjeras*, Madrid, Visor.
NUNAN, D. (1988a), *The Learner-Centred Curriculum*, Cambridge, Cambridge University Press.
— (1988b), *Syllabus Design*, Oxford, Oxford University Press.
— (1989), *Designing Tasks for the Communicative Classroom*, Cambridge, Cambridge University Press.
OXFORD, R. y M. EHRMAN (1993), «Second language research on individual differences», *Anual Review of Applied Linguistics* 13.

PRABHU, N. S. (1987), *Second Language Pedagogy*, Oxford, Oxford University Press.

RICHARDS, J. (1985), *The Context of Language Teaching*, Cambridge, Cambridge University Press.

— (1990), *The Language Teaching Matrix*, Cambridge, Cambridge University Press.

RICHARDS, J. C. y C.LOCKHART (1994), *Reflective Teaching in Second Language Classrooms*, Cambridge, Cambridge University Press.

— (1998), *Estrategias de reflexión sobre la enseñanza de idiomas*, Madrid, Cambridge University Press (España).

RICHARDS, J. C., J. PLATT y H. WEBER (1985), *Longman Dictionary of Applied Linguistics*, Londres, Longman.

RICHTERICH, R. (1972), A *Model for the Definition of Language Needs of Adults Learning a Modern Language*, Estrasburgo, Council of Europe.

STENHOUSE, L. (1975), *An Introduction to Curriculum Research and Development*. Londres. Heinemann.

— (1987), *Investigación y desarrollo del curriculum*, Madrid, Morata.

STERN, H. H. (1983), *Fundamental Concepts of Language. Teaching*, Oxford, Oxford University Press.

— (1989), «Seeing the wood and the trees: some thoughts on language teaching analysis», en R. K. Johnson, 1989.

SWAIN, M. (1978), «Bilingual education for the English-speaking Canadian», en J. E. Alatis, 1978.

TUDOR, I. (1996), *Learner-centredness as Language Education*, Cambridge, Cambridge University Press.

TYLER, R. W. (1949), *Basic Principles of Curriculum and Instruction*, Chicago, University of Chicago Press.

— (1977), *Principios básicos del curriculum*, Buenos Aires, Troquel.

WEST, R. (1994), «Needs analysis in language teaching», *Language Teaching* 27, 1.

WHITE, R. V. (1988), *The ELT curriculum. Design, innovation and management*, Oxford, Basil Blackwell.

WILKINS, D. A. (1976), *Notional Syllabuses*, Oxford, Oxford University Press.

WILLIAMS, M. y R. L. BURDEN (1997), *Psychology for Language Teachers. A social constructivist approach*, Cambridge, Cambridge University Press.

— (1999), *Psicología para profesores de idiomas. Enfoque del constructivismo social*, Madrid, Cambridge University Press (España).

WILLING, K. (1988), *Learning Styles in Adult Migrant Education*. Adelaide, National Curriculum Resource Centre.

YALDEN, J. (1983), *The communicative syllabus: evolution, design and implementation*, Oxford, Pergamon.

— (1987), *Principles of Course Design for Language Teaching*, Cambridge, Cambridge University Press.

ZANON, J. (ed.) (1999), *La enseñanza del español mediante tareas*, Madrid, Edinumen.